HELLNATION #7

IL PUGILATO PER TUTTI E TUTTE
STORIA, FILOSOFIA E ISTRUZIONI PRATICHE
PER LA BOXE NELLE PALESTRE POPOLARI
Giuni Ligabue

Prima edizione in «Hellnation»: maggio 2016
Stampato presso PrintOnWeb Srl
Design Dario Morgante/Sandokan Studio

HELLNATION LIBRI è un marchio editoriale di
Red Star Press – Società cooperativa
Via Tancredi Cartella, 63 – 00159 Roma

www.facebook.com/libriredstar
redstarpress@email.it | www.redstarpress.it

IL PUGILATO PER TUTTI E TUTTE

STORIA, FILOSOFIA E ISTRUZIONI PRATICHE PER LA BOXE NELLE PALESTRE POPOLARI

Giuni Ligabue

Dedicato a Chiara la miglior pugile del mondo, a Bombita, Sonny e Nanà

Per te che sai di freddo,
di calore,
di trionfi e di sconfitte,
che no, non lo sono.
Per te che hai il corpo sano,
l'anima larga e il cuore grande.
Per te che hai molti amici,
molti desideri,
l'allegria adulta,
il sorriso dei bambini.
Per te che non sai né di gelo né di sole,
né di pioggia né di rancori.
Per te, atleta,
che traversasti paesini e città,
unendo Stati nel tuo andare.
Per te, atleta, che disprezzi la guerra e
sogni la pace.

Para vos atleta di Miguel Sanchez,
atleta *desaparecido*.

PARTE PRIMA
BOXE

1. L'apoteosi dell'estetica

C'è una scena in un incontro di pugilato recente, un match intenso e ruvido, un incontro particolare, che a volte ha assunto tratti commoventi. Una scena che a mio avviso merita un'analisi. E poi c'è un'altra sequenza di scene, lunghissima, un ripetersi di guizzi, movimenti, rumori e danze. Una sequenza lunga due Olimpiadi. E poi c'è una nottata di Manchester di qualche anno fa, un'ulteriore sequenza di scene ridotte però alla durata di quelle dodici fragorose riprese.

Il fascino della boxe e la boxe in sé, sono incontestabile espressione di una sorta di "apoteosi estetica" che si costruisce attraverso le imprese e le danze di un secolo di meraviglia, uno spettacolo in cui entrano in scena attori formidabili tutti impegnati a interpretare al meglio una parte, un ruolo, che in quel momento è semplicemente "il tutto", senza possibilità di replica. O tutto, o niente. Scegliere è impossibile. Non si può scegliere il nulla di fronte al tutto. Si è obbligati a dover ottenere il tutto. La boxe però, non è apoteosi estetica solo grazie alle interpretazioni sublimi e inumane di attori che la storia l'hanno scritta. Quello rimane per coloro che ammirano estasiati.

La boxe è apoteosi estetica dal primo giorno in cui si varca la soglia della palestra, per tutti coloro che si dicono: «Quello è un uomo, o una donna, e se quell'uomo o quella donna "attuano" in quel modo, allora ci voglio riuscire anche io». E allora non basta tirare colpi a vuoto dopo aver assistito a un incontro di pugilato, o provare a imitare le gesta "picchiettando" con aria seria e concentrata qualunque cosa stia attorno. Bisogna varcare la soglia. Annusare il tanfo della palestra, cercare di non impallidire alla vista dei corpi stremati e madidi di sudore, corpi che stanno ai piedi di occhi che sembrano dirti: «Cosa ci fai qui?», oppure: «Visto che cazzo mi tocca fare?». Bisogna evitare di voltarsi indietro di fronte ai rumori. Alle urla dei maestri, alle bombe che esplodono ogni qualvolta qualcuno carica un colpo sui sacchi. Al sibilare regolare delle corde. Ai rantoli dello sforzo. Ai rantoli dei colpi tirati. Al tonfo sordo dei colpi a segno al volto e alla testa e a quello più acuto dei colpi al corpo, ai rantoli dei colpi subiti. Si varca la soglia e non si è più uomini o donne, ma bambini piccoli, bambini molto piccoli, perché un uomo sa camminare, una donna sa camminare, ma chi varca la soglia della palestra deve imparare a fare anche quello. Perché un uomo e una donna camminano, corrono, saltellano, saltano e si arrampicano, ma non lo fanno sul ring. Non sanno farlo al momento giusto. Non sanno quando è meglio "camminare" avanti o indietro, a sinistra o a destra, frontalmente o in diagonale. Invece il pugile lo sa fare. E lo fa sul quadrato, non nell'immensità del mondo dove quasi a ogni passo può seguirne un altro per correggere l'errore. E deve saperlo fare meglio di chi ha di fronte. L'evoluzione dell'apoteosi estetica continua e se si varca la soglia della palestra ci si deve concedere da capo, in tutto e per tutto, come argilla tra le mani di un artigiano che è il maestro. Ed ecco che l'apoteosi prende forma ai primi passi decisi, ai primi jab che finalmente sibilano a vuoto e poi iniziano a suonare melodie scandite e ritmate sui sacchi. Seguiti da diretti, ganci e montati. L'estetica sotto forma di apoteosi ti dice che per essere raggiunta devi imparare a stringere il paradenti tra le mandibole. Senza che ti venga da vomitare. Senza che quando manca il respiro si ceda alla tentazione di ingoiare una bella boccata d'aria, per quanto umida, bollente e viziata. Respira col naso pugile, impara a farlo e fidati, non lasciarla a penzoloni quella mascella. È meglio così.

Chi varca la soglia decide che non sa nemmeno respirare. Deve imparare persino a respirare. Non siamo bambini piccoli quando varchiamo la soglia della palestra, siamo creature nel liquido amniotico. Il ribrezzo di indossare il casco impregnato come una spugna di sudore bollente, sangue e capelli. L'oppressione di sentire la testa in gabbia. E poi il gusto. Quello salato del sudore, quello amaro della fatica. Quello che sa di organi vivi, quando il colpo secco arriva al mento e la saliva scompare come risucchiata all'interno della bocca dalle gengive, dalle papille gustative, come se qualunque cosa di simile all'acqua sia automaticamente desiderata dal nostro corpo per nutrire i muscoli con l'ossigeno.

Quei muscoli che dopo aver subito il colpo dicono di voler cedere. Il nostro corpo vuole impedirglielo così come la nostra testa: «Diamo ossigeno a questi muscoli cazzo!», urlano in coro corpo e cervello in quel momento divisi tra loro. E si sente in bocca proprio quel gusto. Che si cerca di capire che gusto sia. Perché quello ferroso del sangue lo conosciamo bene anche se lì sopra siamo ancora bambini piccoli. Riconoscere il gusto del sangue è facile, ma quello non è il gusto del sangue. E allora in quella frazione di secondo si deve pensare ad altro e pensi: «Questo gusto viene da dentro il mio corpo, quindi sarà il gusto dei miei organi vivi». Ma non c'è troppo tempo, l'apoteosi estetica si compie per colui o colei che varca la soglia della palestra quando ha voluto, desiderato e ottenuto di metterlo a segno, finalmente, quel maledetto colpo che non vuole entrare nemmeno a pagarlo.

Queste parole sono dedicate al futuro della boxe. A chi vuole fare la boxe, a tutti coloro i quali è dedicato questo libro. A chi si sente un Dio, giustamente, quando mette a segno il primo jab, che sia sul sacco, a vuoto, al volto o alla figura dell'avversario. Insomma quando l'apoteosi estetica di ognuno prende forma. Non c'è nulla di diverso tra l'apoteosi estetica dei grandi attori della storia pugilistica e il nostro primo jab. Sono solo gradini diversi della stessa scala. E non ha neppure troppa importanza quanti gradini riusciremo a salire, perché è spesso prerogativa del pugile quella di voler compiere in ogni attimo della sua vita pugilistica un passo avanti. Minuscolo o enorme che sia, un piccolo passo sulla scala. Un gradino in più verso quella cima che non si riesce nemmeno a inquadrare. Perché la cima non esiste. Non esiste la perfezione nell'apoteosi estetica.

Come i grandi attori della storia o come i neofiti e intrepidi avventurieri che varcano la soglia della palestra, stanno all'interno della stessa scala dell'apoteosi estetica anche gli "attori contemporanei". Quelli messi sotto la lente d'ingrandimento perché stanno lottando in questo momento storico. Quelli più sfortunati, perché gli esperti di boxe sono persone tignose e critiche, scorbutiche, che trovano sempre da ridire. Sono quelli che «quando ero giovane io...», o quelli che «quando c'era Joe Luis...». L'atteggiamento è gratificante e romantico ma non dimentichiamo che anche se ci piace ragionare in questo modo, noi che amiamo la boxe dobbiamo renderci conto che chi comincia a boxare oggi guarda soprattutto la boxe di oggi. E quindi sono convinto che tra qualche anno anche Miguel Cotto, *Maravilla* Martinez, Guillermo Rigondeaux e Joe Calzaghe saranno considerati pugili di tutto rispetto e parte della storia pugilistica mondiale, così ho scelto le tre scene di cui si parlava all'inizio ammirando alcune delle loro gesta. Si tratta di momenti, a volte attimi particolari della loro carriera. Quelle belle interpretazioni non sono le "migliori". Ma a mio avviso sono significative. Senza nulla togliere ai soliti Sugar Ray, Muhammad Ali, Mike Tyson o al principino Floyd *Pretty Boy Money* Mayweather Jr. Quindi confido nella comprensione dei più ma voglio anche ricordare come ultima cosa che lo stesso Muhammad Ali durante l'ascesa della sua carriera, fu ricoperto, tanto per usare un francesismo, di "immondizia". Per cui spero che nessuno si scandalizzi se oggi ho voglia di parlare di quelle tre scene e di quei tre pugili. Ora vi spiego perché.

La M.E.N Arena di Manchester è gremita: è il 4 marzo del 2006, ci sono sedicimila persone ad assistere all'incontro di unificazione dei titoli Ibf e Wbo dei supermedi, ma Jeff Lacy, detto *Left Hook*, ovvero «Gancio sinistro» ha già detto che non è il pubblico a vincere gli incontri. «Saremo solo lui e io sul ring e vedrete chi vincerà. Domenica mattina uno di noi due si sveglierà con una macchia sul record e non sarà certo il mio caso». Già "io" e "lui", vale a dire l'uomo per cui la quasi totalità della folla sugli spalti sta mettendo a dura prova le fondamenta della M.E.N Arena, a suon di salti, boati e cori. Joe Calzaghe, *The Pride of Wales*, «L'orgoglio del Galles» è cresciuto a Newbridge dove il padre Enzo – chitarrista rock – lo ha allevato, preparato e seguito partendo dai dilettanti fino a portarlo al titolo mondiale professionisti Wbo conquistato nove anni prima a Sheffield contro Chris Eubank. Sempre al suo angolo, sempre al suo fianco, anche dopo quella notte fantastica, ogni volta che Joe ha deciso di difendere il titolo. Mai un match "di riposo" (sempre che si possa definire in questo modo un incontro di boxe) no, sempre incontri titolati. Dal 1997 Joe Calzaghe ha sempre messo in palio la sua cintura. E ha sempre vinto. Calzaghe si presenta alla M.E.N Arena con quaranta incontri disputati e quaranta vittorie (trentuno ko). Si allena col padre in un capanno sperduto tra le colline del Galles tra erba, pioggia e fango. Newbridge non è certo una meta da cartolina. E per forza di cose Joe e papà Enzo sono persone semplici e alla mano. Ma orgogliose e dure. Gallesi di origini sarde, Joe ed Enzo hanno la battaglia che gli scorre nelle vene e le giornate le passano insieme, chiusi in quella palestra dove la poca luce che entra è grigia e umida. Ma loro due sembrano divertirsi come bambini. Enzo ai colpitori e Joe che libera scariche di combinazioni da quattro colpi con una velocità inaudita, inusuale per un supermedio.

È quella la sua arma segreta, il suo cavallo di battaglia. L'asso nella manica con cui cercherà di difendere per la diciottesima volta la sua corona mondiale. Ma per il suo avversario Jeff Lacy quei colpi non sono altro che schiaffetti: «Non lo dico solo io, lo dicono tutti che quelli di Calzaghe non sono pugni, ma al massimo schiaffetti». Jeff Lacy, statunitense della Florida, è invece campione del mondo Ibf e Ibo. Quella sera alla M.E.N Arena ha deciso di mettere in palio solo il titolo Ibf, ma poco importa. È comunque un match di unificazione ma soprattutto è l'incontro del secolo per quanto riguarda i supermedi, una categoria in quegli anni orfana di leggende. Ma Lacy e Calzaghe leggende lo sono già. Anche Lacy ha un palmares impressionante. Ventuno vittorie diciassette ko, mai una sconfitta, mai un pareggio. Sul ring di Manchester quella sera esplode una bomba dalla carica esplosiva complessiva di sessantuno incontri e quarantotto ko. Tuttavia i bookmaker e gli esperti non sono convinti si tratterà di una serata tanto frizzante. Lacy è più giovane, non ha mai messo il "culo per terra" e desidera questo incontro da tempo. Sono infatti due anni che il suo entourage cerca di organizzare la sfida ma alla fine qualcosa è sempre andato storto. Facile per il giovane campione della Florida interpretare la questione: «Calzaghe ha paura di me e non vuole incontrarmi». E se l'atteggiamento bonaccione e riservato è una specialità di casa Calzaghe, altrettanto non si può dire della *crew* di Lacy: «Jeff è un piccolo Tyson, è un giovane, piccolo Mike Tyson dei supermedi». «Beh se è così forte mica lo so, al massimo ve lo potrò confermare domenica mattina!», risponde invece con un sorriso bello e genuino Joe Calzaghe pochi giorni prima del match. Ma al di là delle opinioni dei due atleti, gli esperti hanno già deciso. Lacy è più forte, Calzaghe è un gran pugile ma è un provinciale. Lacy è un campione. E quindi vincerà lui.

Alla fine la notte decisiva di Manchester arriva. Jeff Lacy entra per primo, ha l'aria da duro, fissa tutti negli occhi con atteggiamenti sprezzanti e di sfida, è concentrato a mille e ha ragione quando dice che non è il pubblico a vincere gli incontri, perché la grandinata di fischi e «buuu» che devastano il suo ingresso tra le sedici corde non sembra preoccuparlo. Poi entra Joe Calzaghe e un boato assordante scuote l'arena e i microfoni della Itv Sport vanno in distorsione. Non si aspettavano un tifo dal muro sonoro tanto elevato. Qualcuno deve aver tarato male i microfoni. Lo stesso Joe è sorpreso e non riesce a trattenere le braccia che gli schizzano all'insù in direzione del cielo, come se già l'incontro fosse finito, come se già avesse vinto. Lo sguardo è spaesato e smarrito, ma anche sereno e calmo. Forse per lui anche il pubblico vince gli incontri. Attraversa la folla per raggiungere il ring e sembra pensare con il suo sguardo semplice: «Ma senti quanto pompano questi! Stasera si balla!».

Pochi minuti dopo ed è il momento della presentazione sul ring. Il leggendario quanto grottesco *ring announcer* Jimmy Lennon Jr lascia esplodere la frase di rito: «*Iiiit's showtime*!». E *showtime* sarà. Comincia l'apoteosi dell'estetica. Suona la campana e i due fanno per raggiungere il centro, si osservano, si studiano, parte qualche colpo a vuoto per interpretare la distanza. Lacy è concentrato, duro, determinato e sicuro di sé; Calzaghe ha gli occhi sbarrati, è attento. Passa il primo minuto, bam bam, i primi due schiaffetti di Joe Calzaghe, un gancio destro al corpo e uno alla tempia. Eccoli gli schiaffetti di Calzaghe. Joe Calzaghe ha gli occhi ancora più sbarrati, è ancora più attento. Lacy invece non sembra più tanto concentrato, non sembra più un duro, non sembra più determinato, né tanto meno sicuro di sé. Che cos'è successo? Cosa s'è rotto nei piani del giovane campione della Florida dopo solo un minuto di combattimento? L'apoteosi estetica prende forma. Seconda metà della prima ripresa Lacy è sconcertato. E Calzaghe schiaffeggia. Schiaffeggia a una velocità impressionante, il volto e il corpo di Lacy sono un tamburo percosso dalle rullate di un gruppo punk. Calzaghe gira, scappa, schiva e poi entra, uno o due colpi, e di nuovo sparisce, poi eccolo riapparire, è proprio dentro la guardia del piccolo Tyson e altri tre, quattro colpi. Suona la campana del primo round Calzaghe si ferma, Lacy si ferma. Calzaghe ha gli occhi sbarrati ed è attento. E fissa il suo avversario. Lacy è sconvolto. Gira le spalle a quello sguardo penetrante del gallese, quegli occhi piantati dentro i suoi che fanno più male degli schiaffetti subiti a ripetizione nell'ultimo minuto e mezzo. Fanno più male perché dentro quegli occhi non c'è arroganza. Non c'è la presunzione delle dichiarazioni prematch a cui lui stesso – il piccolo Tyson che mesto torna verso l'angolo – s'era lasciato andare con tanta spacconeria per settimane e settimane. Quegli occhi che ha di fronte sono la realtà. Una realtà modesta e genuina. Quella data in premio da un uomo semplice a sedicimila spettatori presenti e chissà quanti altri incollati ai televisori di tutto il mondo. Una realtà che attraverso quegli occhi ancora piantati sulle spalle dell'avversario che malmesso si allontana verso l'angolo, sembrano ancora ripetere: «Hai visto che sono bravo anche io?», e poi le braccia di nuovo, in un gesto inconsulto dettato dall'adrenalina e dall'emozione, schizzano verso l'alto. Calzaghe è tornato bambino. Nella scala dell'apoteosi dell'estetica pugilistica è come se volesse ripartire da zero. Sta esplorando un campo nuovo. D'altra parte una cosa giusta prima del match Lacy l'aveva detta: «Questo incontro non è l'arrivo. È il punto di partenza».

E allora si riparte col secondo round: Calzaghe è scatenato, schiva, scappa, rientra con combinazioni invisibili di tre, quattro e cinque colpi; Lacy è completamente demolito dal punto di vista psicologico, colpisce a vuoto con forza inaudita ma non colpisce altro che aria, sembra non guardi nemmeno dove si trova il suo avversario, o forse non riesce nemmeno a inquadrarlo. La rabbia gli svuota il cervello, vuole ammazzarlo, sa che dei suoi *left hook* e *right hook* ne basterebbe uno per abbattere un muro, ma non riesce a infilarne nemmeno mezzo. È come un toro nell'arena che cerca di abbattere il torero, mentre il torero si prende gioco di lui. Solo che in quella serata di Manchester al contrario di come funziona nella realtà, il torero è il "buono" della favola e il toro è il "cattivo". Finisce il secondo round. Lacy è all'angolo con la bocca semi aperta, il naso che sanguina, i tratti gonfi, gli occhi fissano nel vuoto e le orecchie non sentono quello che i secondi gli sbraitano in faccia nel tentativo di scuoterlo. È in trance. Lo sa lui quello che deve fare, non loro. Non i secondi. Deve rialzarsi correre al centro del ring e ammazzarlo quello stronzo di gallese. Si sta prendendo gioco di lui, lo sta umiliando al di là di ogni umana immaginazione. E allora forza, in piedi, si scaglia contro la preda con una furia inaudita nel terzo round Lacy, martella con potenza devastante e spinge Calzaghe sull'angolo e continua a cannoneggiare come fosse posseduto dal demonio. Ma non entra un colpo, il gallese schiva tutto e poi proprio dall'angolo infila una serie di cinque montanti sinistri al corpo con una carica massacrante. Il volto di Lacy si contorce in smorfie di dolore e il corpo intero sussulta e ballonzola quasi fosse a peso morto, mentre quei cinque schiaffetti cercano di lacerare i muscoli, frantumare le costole e aprirsi la strada verso il fegato o la bocca dello stomaco. Calzaghe è mancino e i colpi col sinistro sono quelli tirati di potenza. Finita la scarica Lacy scivola a sua volta nell'angolo ed eccoli allora i colpi a segno, tantissimi a ripetizione, ritmati in maniera regolare poi con cambi di velocità. Ma di nuovo sono i colpi di Calzaghe. Gli schiaffetti di Calzaghe. Il terzo round è un'ecatombe per lo statunitense che al suono della campana si avvicina con l'aria sempre più esterrefatta verso il proprio angolo, domandandosi quanto cazzo facciano male quegli schiaffetti. È lì seduto sullo sgabello è di nuovo in trance e si capisce bene cosa pensa: «Questi schiaffetti sono dinamite. Sono proiettili. Ma io non sono mai andato al tappeto una volta e non ci voglio andare nemmeno questa sera».

Lacy è un pugile duro. Un piccolo Tyson. Che continua in tutti i modi a cercare la vittoria che può arrivare in un modo solo. Un colpo da ko isolato, un macigno sul gallese.

Anche Calzaghe è un pugile duro. Che è tornato bambino e ha capito che quella è la sua serata. E si diverte, vuole ballare, giocare e divertire chi lo sta guardando. Sa che un pugile può essere potente quanto gli pare, può caricare i colpi quanto gli pare, ma sa anche benissimo che i colpi che fanno male sono quelli tirati al momento giusto e col tempo giusto. E allora continuare a girare in un turbine di «dentro e fuori», cambi di direzione, cambi di ritmo, colpi d'incontro e combinazioni di quattro, cinque, sei, sette, fino a tredici colpi. Tredici colpi all'interno di una sola combinazione. Di cui i primi dodici a segno. Succede alla settima ripresa. L'apoteosi dell'estetica.

Jeff Lacy resiste, perché deve resistere. Quella sera per lui l'apoteosi dell'estetica è rappresentata solo dal rimanere in piedi. Costi quel che costi. Incassare fino alla fine. Resistere a quella sassaiola incessante di colpi che non somigliano proprio a schiaffetti. Sono colpi perfetti basati su una magistrale attuazione della catena cinetica. Ecco perché risultava strano che un pugile che tirava solo schiaffetti avesse un record di quaranta vittorie su quaranta incontri con trentuno ko all'attivo. Lacy crolla all'undicesima. Per la prima volta nella sua carriera assaggia il sapore del tappeto. Si rialza e dice all'arbitro che non è caduto per via di un colpo, ma è scivolato. Non ci crede nemmeno lui. Quindi l'importante ora è tirare di nuovo su la guardia per poter salire il proprio gradino nella scala dell'apoteosi dell'estetica: finire il match. E ce la farà.

Il verdetto è impietoso, tutti i giudici assegnano a Calzaghe tutte le riprese a parte una in cui il gallese era stato richiamato per una scorrettezza.

Dopo quell'incontro Jeff Lacy ha combattuto poco e male, uscendo definitivamente dai circuiti mondiali che contano. Calzaghe si ritira due anni dopo da imbattuto, con un record di quarantaquattro incontri disputati di cui trentadue vinti per ko, unificando tre corone mondiali. Ora è impegnato per la diffusione del pugilato nelle scuole. Considera la boxe il metodo migliore per allontanare i ragazzini dalla strada. Continua tuttavia ad allenarsi e ad allenare insieme al papà nel suo capanno a Newbridge in mezzo al fango, quella minuscola palestra in cui un padre immigrato e appassionato degli Who, ha forgiato uno dei pugili più grandi della storia pugilistica del Regno Unito. Ora si chiama Newbridge boxing club, fiore all'occhiello e motivo d'orgoglio per tutti i seimila abitanti del villaggio.

Dimentichiamo per ora le arene gremite, i fari accecanti, le esplosioni e i fuochi d'artificio. Dimentichiamo le figure grottesche dei *ring announcer* superstar, i secondi all'angolo o i clan pugilistici ingioiellati addobbati come alberi di natale. Lasciamo stare i pantaloncini luccicanti e i guantoni da seicento dollari. Mettiamo da parte le colossali pubblicità, i manifesti apocalittici e le pantomime da telenovela delle conferenze stampa e delle operazioni di peso. Concentriamoci sugli allenatori in tuta ammirando pantaloncini, canottiere, caschetti e guantoni, tutti rigorosamente rossi o blu. Ascoltiamo il silenzio quasi assordante di altre arene, quelle dove le urla e i consigli dei maestri si sentono bene, scanditi solo dal rumore frenetico e scoppiettante dei colpi a segno e dagli sbuffi regolari degli atleti che mitragliano proiettili di anidride carbonica dal naso dopo ogni combinazione. Siamo alle Olimpiadi.

Difficile inquadrare quale sia l'Olimpiade migliore disputata dal campione cubano Guillermo Rigondeaux. Due Olimpiadi disputate e due Olimpiadi dominate. Che ci si voglia riferire a quella di Sydney – dove il fenomeno ha espresso tutta la sua freschezza e irruenza, la sua voglia di dare tutto lo spettacolo possibile in un turbine di incontenibile entusiasmo – o quella di Atene quattro anni dopo, quando lo spettacolo è garantito in egual maniera, arricchito da un pelino di maturità in più. Di certo da quando Rigondeaux stende al primo diretto il suo avversario nel primo turno in Australia – i trentaduesimi di finale – fino a quando viene incoronato per la seconda volta consecutiva oro olimpico in Grecia, parlare di apoteosi dell'estetica è cosa quasi scontata. Se poco sopra si è detto che raggiungere la perfezione dell'apoteosi estetica o la perfezione pugilistica è impossibile, osservare Rigondeaux alle Olimpiadi sembrerebbe convincere del contrario. Esordisce ai giochi di Sydney contro il tunisino Moez Zemzemi e il match dura solo ventitré secondi. Il primo colpo dell'incontro è un perfetto diretto sinistro del mancino cubano che fulmina l'avversario sulla punta del mento. Il tunisino si rialza dopo il conteggio e riparte il match: combinazione di quattro colpi ed ecco lo sfortunato rivale di nuovo al tappeto. L'incontro è finito in ventitré secondi. Ventitré secondi per stendere due volte il proprio avversario indossando guanti antishock – quelli utilizzati dai dilettanti, che sono estremamente imbottiti e sembrano quasi gonfi come palloni da calcio – e non è che facciano tanto male. Nei dilettanti è difficile assistere agli atterramenti anche negli incontri tra pesi elevati. Qui invece siamo nella categoria dei 54 kg e Rigondeaux al suo primo appuntamento olimpico chiude il match dopo cinque colpi tirati, due *knock down* e ventitré secondi. Roba da alieni. Oppure un semplice colpo di fortuna. Perché nel pugilato non si può mai dire, bisogna stare molto attenti a eleggere pugili a idoli del ring semplicemente dopo aver assistito a un match. Ma non è certo il caso di Rigondeaux che alle Olimpiadi rimane imbattuto. Il resto del torneo, così come quello di quattro anni dopo è un susseguirsi di guizzi felini, colpi messi a segno a velocità incontrollabile con una precisione a dir poco chirurgica e poi giochi di gambe ubriacanti, giravolte da montagne russe sul piede perno e ancora tattica sopraffina. La capacità di adattarsi a ogni tipo di avversario e a ogni tipo di match, non soltanto per portare a casa il successo ma per offrire il maggiore spettacolo possibile. E allora *Rigo* a volte entra ed esce "alla cubana", a volte attacca con l'irruenza degna di un match professionistico, schiva con eleganza millimetrica, regola la distanza con poderosi jab a volte trattenuti, a volte "stantuffati" sull'avversario con la velocità di un pistone da formula uno, e poi affonda con quei diretti e montanti sinistri mostruosi, calcolati al millimetro con impercettibili spostamenti sulle gambe, il tutto deciso in una frazione di secondo.

Va in scena la perfetta incarnazione della scuola cubana santiaguera, l'eccellenza della scuola cubana in generale. Quella più elegante, quella più spettacolare. Va in scena l'apoteosi dell'estetica. Va in scena, sì, anche se al cospetto del silenzio di pochi spettatori, siano essi presenti o davanti ai televisori. Magari incollati a vecchi apparecchi a tubo catodico spesso in bianco e nero, a volte appoggiati ai davanzali delle finestre del piano terra con lo schermo rivolto alla strada a catturare piccole folle di tifosi. Così si assiste a Cuba alle Olimpiadi e *Rigo* va in scena come tutti gli altri pugili della nazionale, offrendo spettacolo al suo popolo. È per questo che non gli basta vincere, lui lo spettacolo lo vuole assicurare perché a Cuba le Olimpiadi sono il massimo dello spettacolo. Dispiace per tutti quelli che in altre parti del mondo, questo spettacolo decidono di perderselo.

Alle Olimpiadi sempre che non ci si trovi di fronte ai consueti favoritismi, di solito vince il più bravo. E l'apoteosi dell'estetica pugilistica andrebbe a mio avviso ricercata lì. I round sono solo tre (all'epoca di Rigondeaux erano quattro da due minuti ciascuno). E in quei tre round devi mettere la stessa energia che un professionista metterebbe in dodici riprese. I colpi dovranno essere tantissimi e dovranno essere precisi e netti, di modo che gli arbitri non abbiano dubbi. L'eleganza e la ricerca della padronanza tecnica sono il fiore all'occhiello del pugilato dilettantistico. È bellissimo andare a spulciare vecchi video e vedere come si comportavano alcuni pugili professionisti quando erano ancora dilettanti. Osservare l'accademia perfetta messa in bella mostra che una volta fatto il salto nel professionismo, a volte viene sacrificata in nome dell'incisività e dell'efficacia. Le Olimpiadi sono l'essenza dello sport. E il pugilato olimpico per quanto mi riguarda rappresenta l'eccellenza dello sport. Perché se è giusto dire che alle Olimpiadi di solito vince il più bravo, è anche giusto ricordarsi che spesso nei professionisti vince il più forte. Sovente alle Olimpiadi si ha l'impressione di "respirare sport". Mentre altrettanto di consueto tra i professionisti sembra di respirare l'odore del sangue e dei dollari. Il caso di Rigondeaux è tuttavia particolare. La sua impostazione strepitosamente plastica ed eccezionale è stata conservata anche una volta passato al professionismo. Una consuetudine che riguarda tanti pugili cubani e che serve a confermare l'efficacia della gloriosa Escuela cubana de boxeo. Rigondeaux infatti allontanato nel 2007 dalla nazionale per motivi disciplinari, decide di fare come tanti altri atleti cubani che nel corso degli anni hanno subito l'influenza capitalista occidentale all'interno dell'isola. Raggiungerà Miami e si darà al professionismo con risultati straordinari.

C'è una scena all'interno del film "intitolato" Cotto-Martinez, una velocissima sequenza di *frame* magistralmente interpretata dai due grandi attori contemporanei del ring nello scenario storico del Madison Square Garden di New York. Prima di quella scena tuttavia, prima di quell'episodio che colora di curioso il rintocco finale della campana della sesta ripresa sono successe molte cose. I due attori sono considerati all'unanimità come pezzi portanti dell'olimpo contemporaneo pugilistico e le loro carriere sono già leggendarie. Miguel Cotto, portoricano, approda alla carriera professionistica all'età di vent'anni al termine di un ottimo excursus dilettantistico. Costruisce la sua storia e la storia della boxe contemporanea a suon di successi stellari e spettacolari, una sequenza interminabile di immagini micidiali condite con quei ganci sinistri, caricati al corpo o al volto e in grado di abbattere una montagna. Miguel Cotto non ha paura di niente e mette in piedi la sua carriera incontrando avversari di altissimo livello: non si tira mai indietro e dopo due soli anni di professionismo è già campione internazionale Wbc, dopo aver demolito Bazan. Passano altri due anni e dopo un'infinità di cinture minori conquistate e difese, conquista il primo mondiale Wbo battendo Pinto alla sesta ripresa. La prima sfida dal sapore storico ha luogo un anno più tardi quando Cotto si prende una leggendaria rivincita contro Muhammad Abdullaev, lo stesso temibile uzbeko che lo aveva eliminato alle Olimpiadi di Sydney alla fine di quattro meravigliose riprese. In quell'occasione il portoricano più giovane di sette anni, aveva attaccato in maniera plastica e continua mettendo in scena una danza pugilistica dalla scherma impeccabile: ma si dovette arrendere all'esperienza e alla tecnica sopraffina del fortissimo avversario. In occasione della rivincita le cose vanno diversamente e Abdullaev non supera la nona ripresa dopo un martellamento costante. Cotto è un pugile chiaramente nato per il professionismo. Potentissimo e velocissimo con una scelta di tempo invidiabile, cambi di ritmo impeccabili, precisissimi e calcolati quasi sempre al momento giusto. È un pugile estremamente intelligente e coraggioso. Forse troppo coraggioso e le macchie nel suo palmares, non possono che essere ricondotte a quel coraggio incontenibile e generoso. Si tratta quindi di macchie degne di rispetto. Cotto è uno di quei pugili dallo stile inconfondibile, uno di quelli che si riconosce dalla postura, un pugile che non dovrebbe essere imitato perché la sua particolarissima guardia da *puncher* è estremamente accattivante – e viene una gran voglia di cimentarsi a scoprirne i segreti – ma allo stesso tempo pericolosa, estremamente esposta ai montanti al mento: una guardia che "funziona" proprio perché è "sua". A pochi pugili viene infatti voglia di esporsi coi montanti su Miguel Cotto, perché è probabile che se ti apri in quel modo, Miguel Cotto ti fulmini con quelle saette micidiali che si aprono o si concludono con quel poderoso gancio sinistro.

Il campione portoricano mette in fila una serie di avversari eccellenti e nella sua carriera si misura tra gli altri con quasi tutto l'olimpo contemporaneo: Paulie Malignaggi, Carlos Quintana, Zab Judah, Shane Mosley, Antonio Margarito, Joshua Cottley, Manny Pacquiao, Yuri Foreman, Ricardo Mayorga, Floyd Mayweather Jr, Austin Trout, *Canelo* Alvarez e appunto, Sergio *Maravilla* Martinez, tutti i più forti della recente storia mondiale della boxe.

Tuttavia all'incandescente inizio di carriera segue un periodo in cui, com'è frequente, il campione sembra essersi montato la testa. Continua a vincere e lo fa in maniera esplosiva e allora talvolta sale sul ring con atteggiamenti di sottovalutazione dell'avversario, a volte con qualche impercettibile rotolo di pancetta sopra la cintura. La sua velocità e la sua esplosività sembrano risentirne leggermente, ma il portoricano continua sempre a vincere e convincere. Fino al 26 luglio del 2008 quando incontra, o forse sarebbe meglio dire "scontra", col messicano Antonio Margarito. Questa volta Miguel Cotto non ha sottovalutato il suo avversario perché lo sanno tutti che Margarito è un osso duro, uno estremamente cattivo. Margarito è un "temibile assassino". Meglio non sottovalutarlo. Ed ecco allora undici round di vera e propria macelleria, una battaglia incandescente, un confronto senza esclusione di colpi. Il match scorre equilibratissimo ma ecco che all'undicesima e per la prima volta in carriera Miguel Cotto, imbattuto fino a quel momento e terrore costante del ring per qualsiasi avversario, semplicemente si arrende. Il match è finito. Cotto si è arreso. Gira per il ring tumefatto e scuote la testa, ma c'è qualcosa che non lo convince. «Quei pugni avevano qualcosa di strano», dice riferendosi ai colpi del messicano, «non ho mai provato una sensazione del genere». Ed ecco svelato l'arcano. Sotto i bendaggi del messicano si intravede qualcosa di strano. Quei bendaggi sono rinforzati con un impercettibile e sottilissimo strato di metallo plastificato. È scandalo. Margarito ha barato. E la cosa che più indigna, è che lo ha fatto in uno sport dove tantissimi atleti hanno perso la vita per i danni riportati dai colpi subiti, ed è facile immaginare quale danno possa causare un bendaggio rinforzato, ancor di più se è servito a rinforzare i pugni di Margarito, un pugile che come si dice in gergo «fa malissimo».

Più che in altri ambiti è nelle mani e nella testa del campione portoricano che risiede il dilemma della decisione. O si opta per richiedere la sicura squalifica del rivale mantenendo così immacolato il proprio record, o si decide di accettare la sconfitta, salvare il rivale dalla squalifica e rincontrarlo al più presto... per fargliela pagare. E il campione vero, l'esteta del pugilato, non può che scegliere la seconda opzione. Tre anni dopo la sfida si rinnova e Miguel Cotto massacra il messicano.

Dal primo incontro con Margarito, o forse anche solo nella fase preparatoria di quel match, sembra che nella testa del portoricano sia cambiato qualcosa, sembra maturato. Subisce solamente altre tre sconfitte, due delle quali contro coloro che sono considerati i pugili più forti in circolazione: Manny Pacquiao e Floyd Mayweather Jr. Contro Pacquiao, Cotto paga una sconfitta al termine di un'ottima prestazione, probabilmente per aver interpretato il match in maniera troppo coraggiosa a discapito della tattica. Contro Mayweather Jr, il pugile perfetto, il principino del ring a cui nessuno è mai riuscito a fare nemmeno un graffio, Cotto perde per solo due riprese al termine di un incontro perfetto e meravigliosamente tattico. Sembra che Cotto non sia più solo il *puncher* demolitore che sfianca ogni avversario, ma appare maturato alla grande dopo il match con Mayweather, sembra che a quel punto sia in grado di adattarsi a ogni tipo di incontro. Floyd Mayweather dirà alla fine del match che Cotto è l'avversario migliore e più duro che abbia mai incontrato e aggrappandosi ai soliti intrallazzi organizzativi rifiuterà sempre una rivincita. Perché Miguel Cotto quella sera di male gliene ha fatto parecchio.

È per questo motivo che si arriva a Cotto vs Martinez. Il campione portoricano deve passare di categoria. Che nessuno voglia più incrociarlo, né nei pesi welter né nei superwelter è ormai cosa chiara. Passerà quindi nella categoria dei medi e deciderà di esordire proprio contro *Maravilla*, sopraffino argentino appartenente all'olimpo pugilistico contemporaneo, un pugile estremamente longevo con cinquantacinque incontri disputati, trentuno ko e solo due sconfitte, l'uomo che poco tempo prima aveva tamburellato il fortissimo e fino ad allora imbattuto *Hijo de la Layenda*, Julio Cesar Chavez Jr.

Cotto è sfavorito, Martinez non solo pesa di più ma è anche uno dei migliori pugili in circolazione. I mass media tanto quanto i cronisti del match, definiscono questo incontro come «il piccolo uomo che si batte contro il grande uomo». Ma si vocifera anche dei soliti problemi alle ginocchia dell'argentino, che non è più un ragazzino e quindi oltre l'azzardo di passare di categoria, c'è anche chi è convinto che il portoricano possa giocarsela.

È uno dei primi round più impressionanti della storia dei pesi medi. I due guadagnano fiduciosi il centro del ring ognuno col proprio stile inconfondibile, danzano e saltellano sicuri di sé: Cotto con la solita maschera impenetrabile che è stato in grado di mantenere anche sotto i colpi criminali e rinforzati di Margarito, Martinez concentratissimo. Sembra che le ginocchia dell'argentino, al contrario di quanto si era vociferato, rispondano perfettamente agli stimoli e agli impulsi. Sono due pugili intelligenti Martinez e Cotto. Intelligenti ed estremamente rispettosi, sono due uomini veri e due atleti seri, due bravi ragazzi insomma. Due campioni estremamente rispettosi l'uno dell'altro, sanno entrambi quanto l'avversario possa essere micidiale e si ammirano. Si percepisce e sembra quasi si possa tagliare col coltello la sensazione di rispetto e ammirazione che vige tra i due in quel primo round al Madison Square Garden. Ma Cotto quella sera sembra fatto della stessa pasta del campione che pochi mesi prima aveva schiantato il povero malcapitato di turno, Delvin Rodriguez. La cura del leggendario Freddie Roach è un toccasana per il portoricano. La velocità è supersonica, la scelta di tempo impressionante e a ogni colpo che va a segno sembra che New York sia sotto l'attacco di colpi di mortaio. Il portoricano è perfettamente in bolla, c'è con la testa, c'è con le braccia e c'è con le gambe. Già dopo un minuto Sergio Martinez barcolla dopo il primo gancio sinistro al volto, pochi secondi e tentenna di nuovo dopo un altro poderoso gancio sinistro al corpo, e dopo solo un minuto e venti secondi dall'inizio del match Maravilla è al tappeto. Il campione argentino si rialza, l'arbitro conta: «Stai bene?», gli chiede arrivato all'otto del conteggio e Sergio risponde: «Sì», ma si vede che è preoccupatissimo. Ha paura. Non si aspettava una mole di potenza tanto elevata da parte del piccolo uomo. Il match riprende e bastano ancora pochi istanti a Miguel Cotto per assetare altre bombe micidiali sul temibile avversario, che ora è sfuggente. Non c'è dubbio, quei colpi li sta sentendo tutti e a un minuto dalla fine del primo round Sergio Martinez viene nuovamente atterrato. E di nuovo si rialza. Di nuovo scambi di battute d'intesa con l'arbitro. Il campione argentino non molla, perché un campione non molla mai.

Va in scena per l'ennesima volta, l'apoteosi dell'estetica. Altri tre colpi di Miguel Cotto e Martinez è di nuovo giù al tappeto, per la terza volta in un minuto.

Ancora si rimette in piedi, è rintronato, spaventato, smarrito, ma sta bene dice all'arbitro. A quel punto Miguel Cotto lo guarda negli occhi mentre accenna a saltellare per riprendere il match, e che venga fulminato in questo momento se il campione portoricano non sta pensando quanto segue, perché l'espressione di Cotto è un libro aperto: «Ma perché ti rialzi. Perché lo fai. Non capisci che stasera è andata così? Resta giù Sergio, lascia stare», e l'espressione è meravigliosa, non c'è disprezzo negli occhi di Cotto ma razionalità, quasi tenerezza. La tenerezza e la razionalità di chi sa che se l'uomo che ha di fronte decide di continuare, lui sarà costretto a continuare a picchiarlo. Sergio Martinez lo sa perché vuole continuare. È proprio come dicevano gli esperti, non è più un ragazzino e quello del Madison Square Garden potrebbe essere il suo ultimo incontro. E dentro quegli occhi smarriti si percepisce già l'unica nostalgia di un campione, quella per il ring.

Il match deve continuare, l'ha deciso *Maravilla* Martinez. Che con tenacia e commovente coraggio continua a scontrarsi con i colpi perfetti e micidiali del rivale. A questo punto, anche se risulta strano, sembra che i due siano diventati complici, non in senso truffaldino ovviamente. Semplicemente pare che i due comunichino in maniera telepatica. In realtà comunicano con il linguaggio del corpo. Uno dei due Martinez, sembra sacrificarsi per far raccogliere i frutti all'avversario mentre contemporaneamente sacrifica se stesso, per salire sempre di più nella scala dell'apoteosi dell'estetica pugilistica. Vuole arrivare più in là possibile Martinez. Vuole mettere fine quanto prima a quell'ecatombe Miguel Cotto. Martinez decide, Cotto non può che accettare.

Ed ecco che alla fine della sesta ripresa l'apoteosi dell'estetica va in scena in tutta la sua crudeltà, ma anche in tutta la sua tenerezza.

Suona la campana che scandisce i dieci secondi alla fine del round, Martinez le sta prendendo di santa ragione ma ha provato a reagire, è riuscito anche lui a infilare qualche colpo e con un coraggio e una tenacia fuori dal comune è ancora lì. Mancano dieci secondi, Cotto assesta una combinazione poi come di consueto i due pugili si allontanano di qualche decina di centimetri per riprendere le misure. In dieci secondi nel pugilato può succedere di tutto, ma mai ci si aspetterebbe quello che invece succede: Miguel Cotto osserva l'avversario negli occhi, abbassa le braccia anzi le lascia cadere, si gira con calma e si incammina come per tornare verso il proprio angolo. Sembra voler comunicare di nuovo con l'avversario: «Sergio, basta. Non è la tua serata. Basta». Cotto dà le spalle all'argentino che rimane esterrefatto: «Che significa quel gesto? Mancanza di rispetto? Sbruffonaggine? Mi vuole umiliare di fronte a mezzo mondo? Mi sta forse comunicando proprio questo? O forse sta proprio ribadendo basta Sergio, non è la tua serata». Dal mio modesto punto di vista posso immaginare discorsi forse elementari. Ma non è forse proprio il pensiero più semplice quello che si realizza quando non hai tanto tempo per spenderti negli algoritmi di un ragionamento profondo? E allora si pensa al fatto di dover per forza umiliare una persona che si rispetta. Si pensa ai primi guanti e ai primi match quando magari è capitato di affrontare qualcuno a cui vuoi bene. La scala dell'apoteosi estetica si riduce come per magia e il giorno in cui hai varcato la soglia della palestra e la notte in cui ti ritrovi in un'arena gremita a giocarti il titolo mondiale dei pesi medi, potrebbero quasi diventare una notte che segue il pomeriggio. Ma non c'è tempo né motivo per cercare di capire, ormai mancano tre secondi alla fine del round ed ecco che *Maravilla* compie uno scatto felino verso l'avversario che è di spalle, e gli si avventa contro con un gancio che se arrivasse a segno sarebbe micidiale, mortale. Ma Miguel Cotto quella sera ha un paio di occhi pure sulla nuca. In realtà non è vero. Il portoricano sta sbirciando da dietro la spalla, sa che deve farlo, deve stare attento che a Martinez non salti in mente la più ovvia delle cose, quella di cercare di colpirlo. E guarda caso sta succedendo. Il gancio di Martinez è carichissimo e sta arrivando ma Miguel Cotto sempre di spalle e con le mani a penzoloni, compie un impercettibile passo di lato ed eccolo schivare con uno scatto il micidiale colpo dell'avversario, per poi proseguire verso l'angolo proprio sul suono della campana. Come se niente fosse. «Lo vedi Sergio che non è la tua serata. Smettiamola ti prego».

Il campione argentino non ne vuole sapere. Sopravvive a una durissima settima ripresa, poi a una micidiale ottava. Alla nona a pochi secondi dalla fine viene centrato dall'ennesima cannonata di sinistro di Miguel Cotto. Praticamente un tir delle dimensioni di un guantone che lo centra perfettamente tra la tempia, l'occhio destro e lo zigomo destro. Le gambe si piegano, Sergio barcolla, gira su se stesso arriva quasi a inginocchiarsi, ma di nuovo trova la forza di drizzare le gambe proprio su quelle ginocchia che i mass media volevano marce. Cotto non infierisce. Lo osserva. L'arbitro si frappone tra i due. È l'ennesimo *knock down* del match, il quarto, ma di nuovo Martinez vuole continuare.

Il campione argentino, il grande uomo, finisce quel round e con quello la sua carriera. L'angolo decide che basta così. «Lasciatemene fare un altro, vi prego, soltanto uno!». «No Sergio. È finita. Non mi prendo la responsabilità», decide il suo secondo. Sergio Martinez conclude la carriera con questo match tanto doloroso quanto glorioso. Si ritira come uno dei più grandi pugili argentini della storia.

Miguel Cotto combatte e vince ancora. Un anno dopo la gloriosa nottata contro Martinez demolirà alla quarta ripresa un altro peso medio, l'australiano Daniel Geale. Alla fine dell'incontro viene intervistato e gli viene chiesto: «Miguel, ieri alle operazioni di peso hai fatto registrare un peso inferiore al limite della categoria dei superwelter. La differenza di peso di oggi tra te e il tuo avversario superava i dieci chili. Una domanda. Sei un peso medio o un superwelter?». Miguel Cotto guarda negli occhi il giornalista e semplicemente risponde: «Il peso l'hai visto, secondo te sono un peso medio?».

2. La boxe: una realtà fatta di paradossi

Anche solo per capire quale direzione intraprendere per addentrarsi nell'ardua impresa di scrivere un manuale di pugilato ma soprattutto per permettere ai lettori di poterne usufruire in maniera corretta e coscienziosa, è obbligatorio chiarire un dilemma. Il quesito è fastidioso. In un certo senso potremmo aver svelato indizi e informazioni importanti anche nelle pagine precedenti, ma per poter godere di un manuale di boxe dobbiamo fornire una risposta quanto più completa ed esauriente.

Che cos'è la boxe?

Facile. È uno sport dove ci sono due matti su un quadrato che si rincorrono e si danno un sacco di pugni.

Che si stia scherzando o meno, va considerato che l'opinione comune coincide con questo assunto.

A livello istituzionale invece si descrive così:

> Il pugilato quale manifestazione facente parte delle gare atletiche risale a remota antichità e ha origini che si perdono nella mitologia. Questa vuole che l'inventore sia stato Teseo ed Eracle uno dei più forti cultori.
>
> Il pugilato è uno sport da combattimento fra due atleti che usano i pugni come

mezzo di offesa. Attualmente, a parte il contenuto agonistico, non ha nulla a che vedere con quello antico e si distacca in maniera evidente anche da quello moderno dei secoli XVII, XVIII e metà del XIX. Da quando cioè nel 1886 il marchese di Queensberry, grande appassionato, dettò i regolamenti che ancor oggi permangono.
Tra le regolamentazioni più valide da ricordare, la durata determinata dalle riprese e dall'intervallo (3 minuti di boxe e 1 minuto di riposo tra un round e l'altro), l'uso dei guantoni, la vittoria per ko se uno dei contendenti non è in grado di continuare l'incontro entro 10'' in seguito ad atterramento.
Mentre dal periodo antico non ci sono pervenuti dati bibliografici riguardo la preparazione specifica per il combattimento, il pugilato moderno è riccamente confortato da presupposti tecnici, tanto che gli inglesi lo classificarono come la *noble art of self defence*.
Al concetto tecnico deve però affiancarsi quello della preparazione fisiologica che si propone di accrescere la forza, la resistenza, l'agilità, la prontezza di riflessi e ogni altra qualità atletica che questo sport richiede.
Dacché con l'inizio di questo secolo (siamo negli anni '70 n.d.a) l'attività sportiva è uscita dall'empirismo della sua pratica secolare per diventare preciso dominio delle scienze che studiano l'uomo sotto il profilo del suo comportamento fisiologico, psicologico e sociale, molti sono i criteri che sono stati preposti e sono stati più o meno universalmente accettati per classificare i diversi tipi di sport.
Tra questi, senza dubbio, uno dei più convenienti, sia dal punto di vista tecnico che da quello pratico, è il criterio che si fonda sul regime energetico che una determinata prestazione atletica impone alla macchina umana che lo estrinseca. In particolare esso distingue da una parte le attività sportive che richiedono un'erogazione di energia meccanica in un tempo il più breve possibile, e dall'altra, quelle che richiedono un'erogazione di energia continua indipendente o quasi dal tempo.

Sotto il profilo agonistico il pugilato si presenta come una delle attività sportive tra le più complesse e impegnative che possono affrontarsi. Esso è idealmente tale da impegnare ogni facoltà non solo fisica ma anche intellettiva, emozionale e, perché no, morale dei suoi praticanti.

Tutto chiaro? Capito cos'è il pugilato? Io proprio no. Sarebbe bello invece spiegare che cos'è il pugilato a partire dal ragionamento del "profano", proprio da quel "tipo x" che crede alla storia dei due matti che si rincorrono sul ring. Da un lato è proprio il profano che va convinto del fascino del pugilato e dall'altro, se si dovesse riuscire a convincere un profano della bellezza di un qualcosa che non apprezza, allora l'obiettivo potrebbe considerarsi raggiunto e potremmo ritenerci soddisfatti. Un manuale dovrebbe incuriosire e invogliare la gente a praticare uno sport, dovrebbe raccontare i pro e i contro, ciò che è la tecnica e la tattica, ma anche quanto c'è di meraviglioso e affascinante in questo mondo così misterioso e accattivante. Proviamoci.

Ci sono questi due matti chiusi in un quadrato che si rincorrono e si danno un sacco di botte. La prima domanda da farsi è: sono matti sul serio costoro, oppure sono persone "normali"? Rispondere a questa ulteriore questione non è semplice, anche perché non è facile insinuare il confine tra ragione e follia. Il modo più semplice per trovare una soluzione è provare a rapportarsi col soggetto in questione, vale a dire il pugile. Non è che dobbiamo per forza recarci a un evento di pugilato o metterci in attesa all'uscita di una palestra di boxe per fare a tutti i costi amicizia con un pugile. In realtà basta anche solo osservarle queste persone, magari le poche volte che passano la boxe in tv. Insomma basta semplicemente provare a incuriosirsi, provare a osservare il pugilato, guardarlo e studiarlo un po'. E ci si accorgerebbe immediatamente che forse quei due tipi lassù nel quadrato tanto matti non sono. Perché basta osservare il pugilato anche solo per una ripresa per accorgersi – persino negli incontri più brutti – di quanto un pugile sia costretto per forza a ragionare, quanto un pugile debba essere furbo, scaltro, accurato e meticoloso nella preparazione di ogni gesto anche impercettibile. La "razionalità" di un pugile salta agli occhi immediatamente. È troppo pericoloso il pugilato per concedersi il lusso di non essere razionali. Quando poi nelle sfide più appassionanti decollano e prendono forma la generosità e il genio, quelli sì assolutamente legati alla follia, ecco che si realizzano quegli argomenti che rendono il tutto ancora più spettacolare, tanto da farci venire i brividi. E a quel punto forse sì, il confine tra ragione e follia potrebbe essere stato sbriciolato definitivamente, magari con un diretto, un montante o più "semplicemente" una schivata azzardata. Un pugile parla quando scende dal ring, che abbia vinto o meno, dopo aver appena finito di abbracciare il suo avversario – quell'altro matto che poco prima dava e restituiva pugni di santa ragione – e dice cose sensate questo pugile. Non è tanto rincoglionito come si vuol far credere. Neanche dopo un sacco di pugni. E parla anche prima del match un pugile, sempre dicendo cose logiche e lineari, non parlando lingue astruse che solo gli indemoniati conoscono. Mangia, beve, ride, scherza, s'innamora e s'incazza. Come tutti gli esseri umani più o meno. Un pugile non è una macchina, nemmeno l'anello di congiunzione tra l'uomo e la scimmia – con tutto il sacrosanto rispetto per le scimmie e tutti gli altri animali – che saranno pure meno "homo" e meno "sapiens" ma che sono sicuramente più gentili di noi umani e hanno fatto meno danni nel corso dei secoli. Insomma un pugile è una persona "normale". E allora cosa spinge un pugile a rincorrersi nel quadrato e a darsi le botte con quell'altro che, come abbiamo a questo punto ormai capito, è normale come lui? Perché lo fa? Eh beh, qui la risposta del profano è fin troppo scontata. Per forza! È un violento! E qui inevitabilmente ci ritroviamo di fronte all'amletico dubbio: la boxe è, o non è violenza? Credo sarebbe presuntuoso voler offrire una verità assoluta. Però gradirei partire da un presupposto per poi provare finalmente a spiegare cos'è il pugilato, di modo che poi si possa anche fare un ragionamento obiettivo per poter finalmente definire la boxe come uno sport violento o meno. Questo presupposto è che i pugili non sono persone violente. O per lo meno potranno anche esprime una certa aggressività sul ring, ma tra aggressività agonistica e violenza c'è una bella differenza. Ovviamente categorizzare è sbagliato e le eccezioni fioccano, ma sono eccezioni che confermeranno la regola. Perché per quanto queste eccezioni siano numerose, rappresentano pur sempre una percentuale irrisoria rispetto alla totalità dei casi. D'altronde è ovvio che quando nei fatti di cronaca meno idilliaci è coinvolto un pugile, allora per un giornalista diventa molto più facile condire l'articolo di brividi e suspense. Però la realtà è questa. I pugili non sono persone violente. Anzi esistono tantissimi casi in cui persone violente si sono avvicinate al pugilato e guarda caso, il pugilato è servito come deterrente. Si può interpretare questo in diverse direzioni, magari si può comunque puntare il dito e mettere i puntini sulle "i" dicendo: «Per forza, sfoga tutta la sua violenza sul ring o sul sacco!». D'accordo lo scettico può pensarla come vuole, ma io la vedo in un altro modo. Credo che a prescindere dall'indole più o meno violenta (o aggressiva) di un singolo, una volta che questa persona prova il pugilato, i sacrifici che questo sport comporta e naturalmente il dolore dei pugni (quelli veri...), arriva quasi a "snobbare" la violenza cosiddetta comune. È come se si fosse conquistato un lasciapassare per qualcosa di più alto, un qualcosa fatto di regole e sacrifici, disciplina, passione e soprattutto rispetto. Il ragionamento è questo e si basa su un'altra qualità ben nota dei pugili, vale a dire il narcisismo.

Mettiamoci bene in testa che il pugile non si abbassa a fare a botte per strada con un "comune mortale". In altri termini potremmo invece considerare e ripetere che la palestra è una scuola di rispetto e di autocontrollo. Che questo succeda per via della fatica, del sacrificio, delle sofferenze o della disciplina non si può affermare con certezza, ma varcare la soglia della palestra ci rende più mansueti, più tranquilli e più sereni.

Il pugilato è insomma un grande mistero. Sembra una realtà costruita di paradossi. Come fa la palestra a renderci più "sereni"? Questo antro spesso lugubre e puzzolente, dove le urla si fondono con le esplosioni dei colpi e il sibilare delle corde. Come fa a trasmettere serenità? Il pugilato è uno sport strano. Tutti dicono che è uno sport dove si usano solo le braccia. E invece no. È uno sport dove hai due braccia e due gambe, un corpo e una testa. Con le braccia devi menare. Con le gambe devi camminare. Con il corpo piegarti e con la testa ragionare. Facile no? Guardiamola in un'altra prospettiva.

Con le braccia devi menare. Ma ti devi anche difendere. Devi parare i colpi con le braccia. Ma soprattutto, abbiamo una minima idea di cosa voglia dire parare un colpo e tirare un colpo? Come faccio a tirare un pugno o a parare un pugno con le braccia? Facile, stendo il braccio con forza, oppure mi copro col braccio nella direzione da cui il colpo dell'avversario sta arrivando. E invece no, ecco il primo paradosso. Il primo impulso che devo dare per tirare un semplice jab (soffermiamoci sulla guardia regolare, quindi parliamo del jab sinistro) è un'impercettibile scossa fulminea ma vigorosa, concentrata su un piccolo punto del nostro corpo, di modo che si possa creare una spinta capace di imprimere nelle nocche della mia mano sinistra il massimo dell'efficacia. Sapete qual è questo piccolo punto del corpo da cui parte la scossa per tirare il più basilare dei colpi della boxe? Il punto più lontano dalla mano sinistra, l'altro capo del corpo: la punta del piede destro. Il retro dell'alluce del piede destro. L'impulso parte proprio da lì, percorre la gamba destra provocando uno spostamento di peso in avanti che viene raccolto e bilanciato dalla gamba sinistra e dalla punta del piede sinistro. Allo stesso tempo, in conseguenza dell'impulso e dello spostamento di peso, il busto si è inclinato leggermente in avanti e si è torto leggermente verso la destra creando un effetto domino che come una frustata spinge avanti prima la spalla sinistra, poi il braccio e per ultimo l'avambraccio, in un "colpo di coda" finale e rapidissimo che gli americani chiamano *snap*. Si chiama «catena cinetica». A quel punto il colpo è tirato ma il movimento non è terminato fino a che non sarò tornato nella posizione di guardia iniziale – al sicuro si fa per dire – e questa operazione deve essere più fulminea della precedente, e sarà rapida ed efficace solo se al momento giusto riuscirò a far partire un altro impulso, questa volta dalla punta del piede sinistro, quello avanzato. In poche parole per avanzare spingo sul piede posteriore e per arretrare su quello anteriore. Ecco un altro paradosso. E abbiamo spiegato a grandissime linee solo il jab. Tempo per mettere in atto questa "pagina di appunti"? Una minuscola frazione di secondo. E se il mio avversario dovesse metterci una frazione di secondo più piccola della mia, io devo essere preparato e in grado di poter svolgere nuovamente il movimento in una frazione di secondo ancora più breve. Avete minimamente idea di cosa voglia dire inserire questi movimenti all'interno di un turbine di variabili e discriminanti in quantità tale da riempire di queste frazioni di secondo una ripresa da tre minuti? Se una piccola scossa sulla punta del piede destro provoca tutto 'sto casino, vi immaginate cosa succederebbe se dovessi decidere di fare anche solo un piccolo passetto a sinistra, a destra, o in avanti o indietro? Quante variabili cambierebbero? Ok, fare tutto questo per tre minuti vuole dire aver fatto una ripresa tirando solo dei jab. Ora metteteci tutti gli altri colpi, tutti gli spostamenti possibili e naturalmente, soprattutto, non dimentichiamoci che lassù non siamo soli. C'è sempre il famoso personaggio che abbiamo di fronte, che ragiona esattamente come noi e ci vuole picchiare più forte di quanto riusciamo a fare noi. Aggiungiamo una quantità abnorme di tensione, paura, stress psicologico e ansia. Poi moltiplichiamo il tutto per dodici e allora vuol dire che forse siamo pronti per poter diventare campioni del mondo.

Va da sé concludere che è una pazzia considerare tutti questi passaggi mentre sto tirando il colpo, ed è ugualmente una pazzia pensare di insegnare il pugilato in questo modo. È per questo che il pugilato s'impara nelle palestre e non sui libri. Un manuale infatti potrebbe servire a mio avviso più a chi il pugilato deve insegnarlo. No, no, non è questa la boxe. La boxe non funziona così. Imparare la boxe significa imparare a controllare un'armonia di movimenti in coordinazione perfetta, ecco quindi che cos'è la boxe, ecco qual è la sua grandezza. È la disciplina che più di tutte arriva nella sua massima espressione a far coincidere eleganza, armonia, leggiadria e sinuosità di una serie di movimenti con la più temibile efficacia e pericolosità. È appunto l'apoteosi dell'estetica. È come una tentazione proibita, un paradosso totale che punta alla meraviglia e alla finezza di un movimento allo scopo di creare il "male" maggiore.

Imparare la boxe significa imparare a gestire e controllare le proprie paure. Personalmente e a grandi linee, credo che nel pugilato si manifestino tre tipi diversi di paura. La prima paura è il timore di "fare male". È una paura malsana, una paura sbagliata in questo mondo, è una paura che danneggia. Avere paura di fare male significa trattenersi, non lasciarsi andare nei colpi, è un qualcosa che impedisce di sviluppare il nostro pugilato, che impedisce di capire quanto possiamo spingerci oltre senza rischiare e che allo stesso tempo danneggia anche chi abbiamo di fronte. Perché se stiamo combattendo allora la paura di far male danneggia solo noi stessi, dal momento che si presuppone che l'avversario possa approfittarne. Ma immaginiamo di trovarci in una sessione di sparring in allenamento (ancor peggio se siamo all'inizio) e dovessimo aver paura di fare male. Il nostro avversario non imparerà cosa significa ricevere un colpo e non imparerà di conseguenza a difendersi in maniera adeguata. In questo modo non miglioriamo e impediamo a chi abbiamo di fronte di migliorare a sua volta. È una mancanza di rispetto verso noi stessi, verso l'avversario e verso la boxe in generale. È quindi una paura deleteria che va superata.

Poi c'è la paura di "farsi male". Che è invece una paura positiva, sacrosanta che va nutrita e accolta. Perché è proprio quel tipo di paura una delle discriminanti principali che ci fa imparare a difenderci come si deve, che ci permette di sviluppare le sopraffine tattiche di difesa e che nasconde in maniera recondita, il nobile sentimento che si traduce nel concetto di rispetto dell'avversario.

Infine c'è il tipo di paura legata a quell'aspetto prima accennato, quella consuetudine paradossale e ricorrente nel carattere e nell'indole del pugile: sto nuovamente parlando del narcisismo. Ecco un altro paradosso. Spesso si dice «sei gonfio come un pugile», «sei brutto come un pugile», o più semplicemente hai una «faccia da pugile». Invece il pugile è spesso incredibilmente narcisista e si crede bellissimo. Non si tratta quindi della paura di "diventare brutti" a suon di pugni in faccia, bensì della paura di fare figure di merda. È un tipo di paura che ha i suoi lati positivi e i suoi lati negativi. Positivi perché mettono il pugile nell'ottica di dare spettacolo e quindi di osare, tanto nell'attacco quanto nella difesa. Ma ha anche i suoi lati negativi. Può farci osare troppo per esempio. Una cosa pericolosissima nel pugilato. O magari nel caso in cui ci accorgiamo di non avere troppe chance di farla franca, può metterci nell'ottica di scappare. Forse rideranno meno, se in maniera non proprio coraggiosa evitiamo di farci prendere a pugni come un sacco di patate.

Resta comunque il fatto che imparare a gestire e controllare le proprie paure aiuta, è qualcosa che fa crescere le persone e le rende forti, lucide e sicure. Su questo non c'è dubbio. Ed eccoci di fronte a un altro paradosso: quanto è divertente giocare, riconoscere, imparare a gestire e a vincere le proprie paure! Quanto è divertente avere paura! Qui non si tratta di provare scariche di adrenalina come succede in tanti sport estremi, perché nella boxe non ce l'hai nemmeno il tempo di accorgerti di scaricare l'adrenalina. Qui si tratta di divertirsi ad avere paura e cercare in maniera ossessiva di ricreare in continuazione i presupposti per provare questa sensazione. Perché riconoscere la paura, giocarci, controllarla, valutare quando nutrirla e quando invece vincerla, significa mettere in atto due processi che all'apparenza sembrerebbero contrastanti e contraddittori. Ma guarda un po'. Non è che per caso siamo di fronte a un altro paradosso? Dominarla e rispettarla, la paura. Il pugile domina la paura rispettandola e "si diverte" a farlo.

La ricerca della propria apoteosi estetica e il desiderio sempre più insistente di migliorarla attraverso questa accattivante quanto pericolosa realtà di paradossi, arriva a creare nel pugile una sorta di assuefazione che difficilmente gli consente di staccarsi da questo mondo. È per questo motivo che nella quasi totalità dei casi chi comincia con la boxe non smette più. Sembra una pubblicità sulla droga. E invece è la boxe. Allora a questo punto sorge spontanea una contro-domanda. A gente così, cosa gliene può fregare della violenza?

3. La boxe olimpica e la boxe professionistica

Il pugilato non è uno sport. Sono due sport. Paradossale no? Neanche tanto in realtà. Pensiamoci bene. Cosa c'è di uguale nella boxe professionistica e in quella dilettantistica? Nulla, nemmeno gli scopi e i traguardi, forse. La boxe olimpica, come trovo giusto debba essere definita la boxe dilettantistica, ha (o dovrebbe avere) uno scopo formativo. Di crescita morale e di esperienza tecnico-tattica. Spesso invece la boxe professionistica ha uno scopo distruttivo – passatemi il termine – e senz'ombra di dubbio non ha alcuno scopo formativo.

Nel frattempo però, il pugilato professionistico racchiude anche tanti elementi positivi, elementi che a volte nascondono obiettivi e risvolti che esulano dalla semplice natura sportiva e dall'indubbio spettacolo sportivo. Per esempio la rivalsa personale, la ricerca della fiducia in se stessi, la semplice passione irrefrenabile, la politica o il riscatto sociale. Pensiamo alla storia pugilistica di Muhammad Ali e a quanto questa abbia influito a livello sociale e politico nella rivalsa degli afroamericani nella becera e ignorante società statunitense del dopoguerra, al punto da diventare un potente slogan nel rifiuto della guerra: «Non andrò in Vietnam, nessun vietnamita mi ha mai chiamato negro».

Quanto significato c'è dentro una semplice frase. Vogliamo forse dire, giusto per ritornare al discorso già più volte affrontato, che Muhammad Ali il "più grande" pugile della storia, o quanto meno il più famoso, sia una persona violenta? Dopo che ha rischiato di mettere a duro repentaglio la sua carriera, la sua immagine e la sua stessa vita, pur di non imbracciare quel fucile che la società e la politica invece "mansueta", "normale", "non violenta" e "perbenista" gli voleva a tutti i costi mettere in mano? No, Muhammad Ali non era un violento, né tanto meno un pazzo, anzi ragionava alla grande e non teneva la bocca chiusa un istante. Muhammad Ali non ha soltanto usufruito del pugilato professionistico per stregare e ammaliare il mondo, ma si è anche servito della sua grande platea perché diventasse un canale e un tramite propagandistico per l'innalzamento di valori e concetti nobili come la pace e l'uguaglianza sociale.

Anche la boxe olimpica tuttavia si è fatta spesso portavoce di importanti valori: «Il pugilato professionistico è un male perché è una boxe fatta per i soldi, e non tiene conto della salute dell'atleta. Anche a me hanno offerto milioni di dollari per passare professionista, me ne hanno offerti dieci, poi quindici... Via!».

Questo afferma il grande pugile cubano Felix Savon, colui il quale con sette mondiali conquistati e tre ori olimpici è il pugile che ha vinto di più nella storia. Prima di lui c'era stata un'altra leggenda cubana che si era espressa in termini più o meno analoghi, si tratta di Teofilo Stevenson: «Cosa sono cinque milioni di dollari di fronte all'amore di otto milioni di cubani?».

Valori etici, patriottici, politici se vogliamo. Cuba infatti è la capitale mondiale dell'eterna diatriba tra sport professionistico e olimpico, in particolare tra pugilato olimpico e professionistico. D'altra parte si può affermare che senz'ombra di dubbio la rilassatezza e "gioiosità" del metodo cubano, e gli obiettivi che questa scuola raggiunge in termini di aggregazione e risultati sono aspetti commoventi e inconfutabili del successo di un modello educativo infallibile, che tutto fa tranne allontanare i giovani dalla boxe. Il discorso potrebbe durare centinaia di pagine e non è certo questa la sede per aprirlo ma per concludere questa parentesi si potrebbe ragionare sulla natura sportiva stessa del pugilato e dello sport in sé. Nel professionismo (non certo in Italia) girano troppi soldi e spesso si rischia di ragionare in termini meno nobili. Detto questo, nel calcio o in altri sport tutto ciò potrebbe causare cali di rendimento, tradimenti della maglia, assuefazione all'immagine e allo *showbiz*, piuttosto che alla propria affermazione prettamente sportiva. Nel pugilato si rischia anche qualcos'altro, ma ribadisco non credo sia questo il centro della discussione.

Per fare un confronto tra il pugilato olimpico e quello professionistico spesso mi rifaccio alla sacrosanta teoria di uno dei miei maestri, una teoria cui si è già accennato pagine addietro: «Nel pugilato giovanile vince il più forte, tra i dilettanti vince il più bravo, tra i professionisti di nuovo vince il più forte».

Personalmente sono d'accordo con questa teoria anche se mi trovo a dover prediligere la sostanza di quanto sta nella differenza tra la boxe olimpica e professionistica, piuttosto che lasciarmi andare a ben più interessanti termini di confronto tra le due discipline. Il punto è proprio quello che abbiamo affrontato qualche riga più in alto e cioè bisogna ragionare sul carattere formativo del pugilato, o se vogliamo pedagogico. D'altra parte qui si sta cercando di scrivere un manuale di boxe e "insegnare" la boxe significa prima di tutto formare, o se vogliamo "forgiare" o "creare" un pugile dilettante. Quando poi il pugile si potrà definire tale, proseguirà allora nella sua carriera dilettantistica e se vorrà più tardi in quella professionistica, ma va da sé rendersi conto che un manuale dovrebbe servire per insegnare la boxe a una "persona", il proseguimento della carriera pugilistica di questa persona sarà il perfezionamento della boxe di un pugile.

Non serve quindi tanto soffermarsi sulle differenze tecniche tra pugilato olimpico e professionistico, o semplicemente prendere atto che a livello cronologico, temporale e di regolamento il pugilato dilettantistico arriva prima di quello professionistico, quanto piuttosto rendersi conto che la boxe dilettantistica rappresenta il principio e la base non solo della carriera di un pugile ma anche del suo stesso pugilato, nonché della sua sicurezza e salvaguardia fisica.

Un pugile dilettante deve imparare la boxe per poi imparare a combattere, mentre un pugile professionista dovrà "semplicemente" imparare a combattere in un altro modo.

4. Le principali scuole pugilistiche

Gli appassionati da un lato e la stessa Aiba dall'altro (Amateur international boxing association) si sono impegnati e a mio avviso spesso divertiti, a stilare una classificazione delle varie scuole o teorie pugilistiche.

In certi casi, e per quello che riguarda alcune realtà specifiche, trovo che una classificazione in questi termini possa aver senso, per altri invece no. Va da sé considerare il fatto che ogni appassionato di pugilato è gelosissimo della propria teoria e dei propri amori pugilistici, e guai a mettersi a discutere o contraddire le convinzioni di qualcuno, anche perché spesso gli appassionati sono pugili, o ex pugili o maestri, in due parole: teste durissime. Affrontare un discorso sul confronto di due teorie pugilistiche differenti significa mettersi a parlare e discutere per ore e ore, cosa bellissima, divertentissima e affascinante, ma state tranquilli non riuscirete mai a convincere l'altro di avere ragione. Spesso certe discussioni a parole sulla boxe arrivano a essere più fulminanti di un incontro stesso!

L'Aiba invece sembra avere le idee chiarissime. Esiste una scuola statunitense, un'europea, una sovietica e una cubana. Dice.

Chiariamo subito un punto. Per scuola pugilistica si dovrebbe intendere un metodo diffuso dell'insegnamento del pugilato, una prassi seguita nella costruzione e la formazione dell'atleta che dovrebbe partire dagli albori dell'apprendimento e dovrebbe proseguire fino al perfezionamento della tecnica-tattica e dell'evoluzione della carriera, ma soprattutto la scuola dovrebbe per sua stessa natura occuparsi di fornire le basi, un concetto che in contesto pugilistico si dovrebbe identificare nell'impostazione. Di fatto questo processo racchiude al suo interno un ragionamento se vogliamo più sociologico che sportivo e, per quanto mi riguarda, storico-politico. Sarebbe infatti opportuno tener conto di una sorta di differenziazione di base quando si vorrebbe parlare di questa geografia del pugilato. È questo il primo bivio a cui ci troviamo di fronte: bisogna distinguere un'ipotetica scuola pugilistica dalla semplice tradizione pugilistica (di un determinato paese o area geografica, sociale o politica).

Occorre quindi provare ad analizzare singolarmente come queste quattro scuole (così come l'Aiba le definisce) possano effettivamente funzionare nella formazione dell'atleta. Partiamo dal caso più chiaramente erroneo. Come si fa a parlare di scuola pugilistica europea? Normalmente l'insegnamento del pugilato in Europa funziona in questo modo: una persona decide di fare pugilato, varca la soglia della famosa palestra (una struttura assolutamente indipendente da qualsiasi metodologia diffusa) dove troverà uno o più maestri che cureranno la sua impostazione e la sua formazione. È quindi possibile concludere che per forza di cose la formazione pugilistica in Europa avrà natura puramente soggettiva. Non esiste infatti per esempio, un tipo di guardia che si possa definire europeo. Così come non esiste un modo specifico di tirare un jab, un diretto o un gancio, né tanto meno un senso comune di sviluppare la tattica in termini di difesa o di «dominio del ring». Qualora proseguendo nella carriera agonistica l'atleta dovesse raggiungere importanti risultati, potrebbe allora capitargli di essere selezionato per la squadra nazionale, cosa che normalmente spetterebbe di diritto al vincitore, categoria per categoria del campionato nazionale. Allora in quel momento sì, che potrà esistere un metodo di lavoro specifico, dettagliato e organizzato che sarà seguito per allenare un certo tipo di pugile. Una prassi ben definita da un lato e diffusa dall'altro. Non ci troviamo quindi di fronte a una scuola, non ci troviamo al cospetto di una metodologia specifica e diffusa di impostazione e formazione dell'atleta, quanto piuttosto avremo a che fare con uno studio e un perfezionamento principalmente tattico di un campione già formato, a cui si aggiungeranno le potenzialità, le genialità e lo stile personale del pugile stesso. In più difficilmente potranno esistere similitudini tra le metodologie adottate nelle diverse nazionali in termini continentali, anzi si tratta spesso di compagini giustamente rivali che lavorano basandosi di più sulla ricerca delle difficoltà dell'avversario piuttosto che sul progetto di crescita comune. Vogliamo forse credere che Francia, Inghilterra e così via, possano collaborare al senso di costruire un'armoniosa pratica di insegnamento condivisa? Secondo me è più semplice pensare che esistano diverse scuole di perfezionamento nazione per nazione ed è quindi corretto differenziare gli stili uno per volta. Cosa ovviamente impossibile anche perché spesso, e per fortuna, le ricerche sulla tecnica-tattica portano a un'evoluzione pressoché costante delle metodologie di insegnamento adottate. Per quanto mi riguarda non esiste una scuola europea.

Potrebbe al massimo esistere non senza arrampicarci sugli specchi, una tradizione europea. Credo che il concetto di tradizione pugilistica possa risiedere in un discorso di prassi temporale: per esempio un campione di un determinato paese potrà influenzare il modo di boxare di tanti appassionati e atleti. In questo senso, più campioni un paese sarà stato in grado di "partorire", tanto più si potrebbe creare una sistematicità di approccio capace di creare una similitudine diffusa di apprendimento di un determinato stile pugilistico. Credo comunque che in Europa si sia ampiamente lontani dal manifestare una similitudine di approccio, non è il caso invece di singoli paesi in cui il pugilato è particolarmente diffuso. Non credo sia un'eresia parlare di tradizione pugilistica inglese o irlandese per esempio. Realtà assolutamente inquadrabili, come a mio avviso succede oltre oceano per la tradizione pugilistica per eccellenza, quella che più di tutte ha saputo creare una specificità incontestabilmente e riscontrabile – un marchio di fabbrica insomma – vale a dire la tradizione messicana. Non c'è assolutamente dubbio che in Messico il pugilato sia talmente diffuso che si sia creata una tradizione tecnico-tattica estremamente chiara e riconoscibile.

Attraversato l'Atlantico spostiamoci negli Stati Uniti. Prima però affidiamoci a un'autorevolissima opinione che ci permette di analizzare le tre presunte scuole rimanenti in una visione di insieme. Dice di nuovo il grande Felix Savon:

> Abbiamo imparato dai russi, e abbiamo imparato dagli americani. Noi cubani siamo specializzati sui colpi dritti. I russi sono specializzati sui ganci, i colpi curvi, è per questo che nessuno di loro riusciva a prendere Teofilo Stevenson, perché lui li teneva a distanza e loro non arrivavano a colpirlo. Gli americani invece dice lo studio, battevano i russi perché ai russi non piaceva lavorare con i montanti, specialmente al corpo. E quindi studiando queste due scuole si è sviluppata e perfezionata nel tempo la Escuela cubana de boxeo e il suo più grande studioso divenne dottore e fu Alcide Sagarra.

Questa affermazione spiega molto, anzi spiega tutto. Per prima cosa ci troviamo in un campo di ragionamento identificabile proprio con il concetto di scuola, in quanto i termini di paragone utilizzati riguardano gli elementi di formazione del pugile dilettante. Da un lato è fin troppo chiaro che non si può ragionare su una scuola basando il discorso sul fatto che quella determinata scuola possa fondarsi esclusivamente sulla cura di un tipo di colpo piuttosto che un altro. Al massimo il fatto che i russi siano specializzati nei ganci e gli statunitensi sui montanti ci fa capire che forse una scuola tanto sviluppata in questi luoghi non esiste. Ma vedremo che non è proprio così. Ciò che invece s'intuisce in maniera abbastanza chiara è che a Cuba si è cercato di assimilare gli aspetti forse più eclatanti di altri tipi di formazione per creare una metodologia specifica e completa, basata sullo studio e lo sviluppo di tattiche adottate altrove. E cosa c'è di più legato alla scuola se non lo studio? Questa frase fa intuire senza ombra di dubbio che a Cuba è diffusa una pratica di insegnamento specifica e tipica; ma procediamo per gradi.

Analizziamo la situazione degli Stati Uniti. È difficile credere che gli statunitensi fossero specializzati solo sui montanti tanto come è altrettanto difficile credere che in un territorio tanto vasto e meticcio possa essersi sviluppata una teoria comune sull'impostazione del pugile. D'altra parte la vita di un pugile negli Stati Uniti è maledettamente simile a quella europea. Ci si avvicina a una palestra e si intraprende la propria carriera di pugile. Va da sé considerare che la vastità del territorio e le enormi differenze sociali, siano aspetti che influiscono in maniera ben diversa che in Europa, soprattutto per quanto concerne i numeri riguardanti la diffusione della boxe. Tanta disparità sociale e tanti abitanti significa tante palestre, tante palestre significa tanti pugili, tanti pugili significa una diffusione eccellente della boxe nel territorio. E una diffusione eccellente significa anche tanti soldi. La principale differenza con l'Europa (e soprattutto con l'Italia) sta proprio lì. Negli Stati Uniti fare il pugile ti mantiene e può significare riscatto sociale ed economico. È anche per questo che negli Stati Uniti si marcia a tutta velocità verso il professionismo. Ma il concetto della formazione dell'atleta è esattamente lo stesso: palestra, carriera dilettantistica, poi nazionale o direttamente professionismo. Quindi se si dovesse procedere su un grafico immaginario per andare a scovare quando nella carriera di un pugile statunitense si possa incontrare un metodo di insegnamento specifico e diffuso allora, esattamente come in Europa, questo momento si realizza quando il pugile si allena con la squadra nazionale. Eccoci di nuovo di fronte a un metodo che lavora sui campioni o per lo meno su pugili già formati e navigati, assolutamente non sulla formazione diffusa e sull'impostazione. Facile concludere che risulta difficoltoso individuare un concetto ben inquadrato di scuola statunitense.

Ben diverso è il discorso se ci mettiamo ad analizzare le rimanenti scuole identificate dall'Aiba. E qui arriviamo a quanto accennato sopra sulla valenza storica e politica dell'evoluzione di un paese e di conseguenza sul metodo di concepire lo sport e quindi sull'effettiva costituzione di scuole sportive disciplina per disciplina. A partire dagli anni Sessanta tutte le repubbliche socialiste, quindi sia quelle appartenenti al blocco sovietico sia Cuba, optano per l'abolizione dello sport professionistico in quanto identificato come "sintomo di imperialismo" nonché come elemento nocivo per l'etica sportiva in quanto basato sul profitto e non sui valori dello sport. Tutto ciò ha portato alla formazione di una metodologia specifica di crescita sportiva disciplina per disciplina, identificata su un metodo di insegnamento accademico. Ha quindi senso parlare di scuola sovietica e scuola cubana? Assolutamente sì. Ma il corso degli eventi storici ha portato da un lato al crollo del blocco socialista sovietico e dall'altro alla resistenza della Rivoluzione cubana. Il metodo di insegnamento accademico di conseguenza si interrompe nei paesi dell'ex Unione Sovietica, mentre prosegue, si sviluppa e si perfeziona a Cuba. È quindi giusto dire che è assolutamente esistita una scuola pugilistica sovietica – a cui tra l'altro Cuba si è principalmente ispirata – e che per ovvie conseguenze l'abitudine di formare gli atleti a livello accademico si è mantenuta. Abbiamo quindi nell'ex Unione Sovietica, un perfetto incrocio tra scuola pugilistica e tradizione pugilistica. D'altra parte gli attuali allenatori sono per forza di cose ex atleti formati secondo gli stessi dogmi e le stesse strategie tecnico-tattiche. Questo aspetto ha permesso nonostante il ritorno al professionismo delle ex repubbliche sovietiche, lo sviluppo di uno stile, di una scherma e anche di un approccio agonistico e morale al pugilato come a qualsiasi altro sport, assolutamente tipico e riscontrabile sia nel dilettantismo sia nel professionismo.

Cuba invece è rimasta al pugilato olimpico e la natura accademica della sua scuola non solo è rimasta intatta, ma si è perfezionata ed evoluta in maniera eccellente. Va però aperta una parentesi sul modello educativo cubano, un metodo che la storia sociale e politica del paese ha, per forza o per volere, dovuto realizzarsi nel concetto del binomio studio/sport.

A Cuba la formazione dell'atleta coincide con la formazione etica, morale e culturale del cittadino cubano. Il forte analfabetismo lasciato in eredità dalla storia travagliata del paese e non per ultimo dalla becera amministrazione di Batista, ha spinto il governo rivoluzionario a elaborare una strategia che potesse far proseguire di pari passo la crescita culturale e quella sportiva. Se si va oggi a Cuba ci si troverà di fronte a una metodologia specifica studiata nei minimi dettagli che accompagna l'atleta, nel nostro caso il pugile, sin dall'età di sette anni fino al raggiungimento dei più alti traguardi sportivi. La vita di un pugile cubano è ben diversa da quella di un pugile di qualsiasi altro paese al mondo. Sin dalle scuole elementari i ragazzini vengono indirizzati verso una disciplina sportiva che si ritiene idonea e nel caso del pugilato si parte più o meno all'età di sette anni cominciando a frequentare le palestre di quartiere nel pomeriggio, come un doposcuola. Il rendimento pedagogico e quello sportivo dell'atleta devono procedere di pari passo: in questo modo se un ragazzino dovesse andare male a scuola non potrebbe partecipare ai tornei e quindi non potrebbe proseguire la carriera sportiva. I primi incontri si disputano e si valutano sulla base dell'esecuzione tecnica e non sulla prevalenza sull'avversario o sul risultato sportivo, quando invece si raggiungono gli undici anni i ragazzi possono cominciare a competere a tutti gli effetti nei tornei provinciali del circuito nazionale dove un buon rendimento significa essere selezionati per le accademie. Il percorso nelle varie accademie è il proseguimento del processo chiamato «piramide sportiva di alto rendimento», e comincia all'età di dodici anni. Le accademie sportive sono strutture immense fuori dalle città che raccolgono fino a duemila studenti che praticano ogni disciplina sportiva. La permanenza è settimanale, dalla domenica sera al sabato mattina. Il calendario prevede due ore di allenamento la mattina presto, cinque ore di scuola e due ore ulteriori di allenamento nel pomeriggio. Il buon rendimento sportivo permette all'atleta di essere selezionato per accademie via via più prestigiose fino all'arrivo in nazionale. All'interno di queste strutture atleti, docenti, allenatori (che sono chiamati professori) e persino gli stessi inservienti ricevono un mantenimento totale da parte dello stato che va dal vitto all'alloggio, passando per l'abbigliamento e il materiale tecnico, nonché per l'assistenza medica e professionale a livello di preparazione atletica. Ovviamente anche all'interno di queste strutture vige ferrea la regola del binomio studio/sport e anche qui, un cattivo rendimento scolastico implica l'allontanamento dall'accademia. In un certo senso questo concetto di struttura potrebbe paradossalmente ricordare quella dei college statunitensi con la differenza che a Cuba le accademie sono rigorosamente gratuite mentre negli Usa i college costano migliaia di dollari all'anno di iscrizione. In realtà però anche la tendenza è contraria: negli Stati Uniti un buon rendimento sportivo nel caso di un cattivo rendimento scolastico, "salva" di fatto la carriera pedagogica e culturale dell'atleta.

Tornando a Cuba se un giovane atleta non dovesse raggiungere l'eccellenza agonistica che coincide con l'entrata in nazionale, viene immediatamente incentivato alla conclusione della carriera pedagogica, che spesso nel caso dei pugili consiste nel conseguimento di lauree in medicina sportiva o educazione fisica e sport, lasciapassare finale per diventare professori di pugilato, in una parola detta all'occidentale «allenatori». In questo modo si realizza un turnover continuo di pugili che garantisce un'eccellenza di rendimento a livello di squadra nazionale e dall'altro la formazione costante di allenatori specializzati e ugualmente eccellenti, senza considerare il fatto che in questo modo si sconfigge l'analfabetismo e si esalta la diffusione della cultura in maniera straordinaria e competitiva. Una macchina perfetta quindi. In questo caso il concetto di scuola pugilistica si realizza nella sua totalità seguendo quello che viene definito «programma di insegnamento» che si applica nelle palestre di quartiere dove il ragazzino viene formato e "trasformato" in pugile, e successivamente il «programma di perfezionamento» che è quello seguito nelle accademie per "trasformare" il pugile in campione.

Interessante è constatare quanto grazie a questo metodo e a conferma di quanto tra queste righe viene sostenuto, a Cuba non esista la cosiddetta «attività ordinaria», vale a dire gli incontri di pugilato organizzati privatamente dalle singole palestre, ma esiste solamente una continua e costante attività nazionale fatta di eliminatorie e campionati, cosa che altrove (o meglio, ovunque) capita una o massimo due volte l'anno.

In questo senso l'unica realtà inquadrata dall'Aiba che risponde oggigiorno ai criteri di scuola pugilistica è proprio quella cubana.

Ma perché allora all'Aiba hanno fatto proprio questo tipo di differenziazione? Le critiche rivolte alle varie federazioni di organizzazione pugilistica sono da sempre molteplici, ma come fa il principale ente di promozione della formazione pugilistica – dal momento che appunto l'Aiba è la federazione mondiale dilettantistica – a commettere errori di valutazione tanto evidenti? Pure un neofita potrebbe intuire al volo la poca credibilità di questo tipo di differenziazione. La risposta è da cercare con molta immaginazione in un concetto che però, forse, di realmente immaginario ha ben poco. Si tratta del concetto di formazione etica dell'atleta. Con questo non si vuole asserire che l'Aiba abbia effettivamente spinto in una direzione così intima, intrinseca e se vogliamo esoterica, ma una cosa è vera e probabilmente dimostrabile. Esiste, soprattutto a livello dilettantistico, o meglio olimpico, una differenza di tipicità dell'atteggiamento degli atleti. Quando tra queste pagine si fa riferimento alla formazione etica dell'atleta si intende proprio questo. La formazione dell'atteggiamento sul ring. E forse sotto questo aspetto l'Aiba potrebbe averci azzeccato eccome. D'altra parte il nostro atteggiamento sul ring in qualità di atleti è per forza di cose lo specchio della nostra formazione pugilistica.

Affronteremo però questa particolarità tra qualche pagina, all'interno dei capitoli riservati alla psicologia dell'atleta e alla formazione del pugile. Per ora cominciamo a soffermarci in maniera un po' più specifica sugli aspetti strettamente tecnici di questo sport straordinario.

PARTE SECONDA

TECNICA PUGILISTICA

5. La guardia. Una condizione

Potrà mai esistere una situazione in cui il pugile possa rilassarsi? Esisterà un "luogo", in senso figurato beninteso, un "posto" che non c'entra nulla col concetto di spazio, in cui il pugile possa riposarsi? Non sto parlando dello sgabello all'angolo, non sto parlando della pausa tra un round e l'altro. Sto parlando di una condizione che possa permettere al pugile di rifiatare e magari scaricare per un attimo la tensione. La risposta è no. Durante un match qualsiasi calo di concentrazione o qualsiasi distrazione, il novanta per cento delle volte, la paghi cara. Però esiste, o meglio dovrebbe esistere, e questo dipende dalla competenza e dall'intelligenza di chi il pugilato ce lo insegna, quella condizione in cui il pugile per lo meno possa sentirsi al sicuro. Quanto più un pugile si sentirà al sicuro durante la battaglia, tanto più sarà mentalmente e psicologicamente sicuro di sé, prerogativa molto importante nella boxe. Come al solito nel pugilato non bisogna mai sbilanciarsi troppo verso qualsivoglia verità assoluta, ma è un fatto che in uno sport dove la testa e la tensione contano moltissimo, sentirsi "al sicuro" aiuta. Non serve essere sicuri di sé al massimo, questo potrebbe giocare brutti scherzi, basta organizzare il tempo per analizzare la situazione e calcolare come affrontare tatticamente il proprio avversario. Ovviamente ossigenando i muscoli per qualche istante e soprattutto senza farsi male. Questo è possibile solo in condizione di guardia.

La guardia è il nostro "fortino", è quello stato in cui posso essere sicuro qualora dovessi essere sorpreso dall'avversario: non riporterò danni o riuscirò a limitarli. Sia che stiamo combattendo tre riprese da un minuto e mezzo, come fanno i piccoli school boys a inizio carriera, sia che stiamo combattendo dodici riprese per un titolo mondiale, è fin troppo semplice constatare che siamo esseri umani e uno stress fisico e psicologico tale non può essere sopportato per il cento per cento della durata dell'incontro. Accontentiamoci di doverlo sopportare magari per il novantacinque per cento. È quindi essenziale capire che finita di portare un'azione o terminato di subirla, dobbiamo per forza creare una condizione che possa farci recuperare tempestivamente. Passatemi il termine ma vorrei riutilizzare in senso possibilista il verbo riposarsi, nonostante sia stato riportato in senso negativo poco sopra. Credo possa essere efficace per far intendere un concetto: dobbiamo essere in grado di ritagliare minuscole frazioni di secondo per "riposarci" tra un'azione e l'altra. In questo senso credo siano fondamentali due aspetti. La guardia deve da un lato essere la nostra condizione più sicura in senso psicologico, e dall'altro dobbiamo studiare un conteso fisico in cui i nostri muscoli possano avvicinarsi il più possibile a una condizione di rilassamento.

Per quanto riguarda il lato psicologico credo sia fondamentale per un maestro osservare e rispettare l'allievo. Sarà lui il protagonista numero uno sul ring, non il maestro. Non esistono due esseri umani uguali, ne potranno esistere tanti simili, ma uguali è molto difficile. Quindi se un pugile nel momento di impostare la sua guardia dovesse per esempio sentirsi più rilassato in una posizione che risulta non troppo congeniale, allora da maestri si dovrebbe essere in grado di creare la condizione di sicurezza maggiore per quel tipo di atteggiamento e soprattutto per quel tipo di pugile, in poche parole per quel tipo di persona. Faccio alcuni esempi. Partendo dal sacrosanto presupposto, nonché dalla mia personale visione, che la guardia dovrebbe essere tenuta il più in alto possibile, se da maestri dovessimo constatare che il nostro pugile dovesse sentirsi al sicuro con le mani un po' più basse, allora dovremmo lavorare tanto sulla reattività delle gambe, sui movimenti di tronco, sul senso del ring e sulla distanza. Per fare in modo che il nostro allievo possa sempre essere in grado di difendersi spostandosi al momento giusto e in maniera adeguata. Se l'allievo dovesse presentare una delle più classiche "patologie" da impostazione sbagliata – per esempio i gomiti larghi – allora dovremmo essere bravi a lavorare sul suo colpo d'occhio, di modo che i gomiti possano essere riavvicinati al corpo nel modo più veloce possibile quando il colpo sta arrivando. Un altro esempio – e qui ci leghiamo al secondo punto di cui sopra, quello riguardante l'aspetto più tecnicamente muscolare – potrebbe riguardare invece le guardie troppo chiuse in cui spesso si rischia di essere contratti. Ecco stare "al sicuro" e essere contratti sono due cose che nel pugilato non possono coesistere. Partendo dal dato di fatto che essere contratti è il primo scoglio che dobbiamo superare quando cominciamo a fare la boxe, nel caso specifico della guardia, mantenere i muscoli rigidi impedisce di essere reattivi sia nel percepire le intenzioni dell'azione avversaria, sia eventualmente nella nostra risposta. Ma soprattutto la rigidità muscolare impedisce di ossigenare i muscoli e quindi recuperare. Quindi in questo caso va a farsi friggere quello strano e controverso concetto di "riposo" di cui si è parlato sopra. Per soffermarci un attimo su questo aspetto è importante considerare un dato di fatto. Benzina dei muscoli è soprattutto l'ossigeno. All'interno di un processo di stress fisico come quello che si sviluppa quando stiamo combattendo, i nostri muscoli consumano molto ossigeno, ossigeno che naturalmente otteniamo attraverso la respirazione e quindi raccogliamo nei polmoni. Se consumiamo tutta la nostra riserva di "benzina" per ossigenare i muscoli, rischiamo di trovarci senza carburante nei polmoni. È per questo che spesso anche pugili allenatissimi arrivano a trovarsi senza fiato. Bisogna essere bravi da maestri a capire al volo questo aspetto. Non ha senso lavorare sul fiato e sulla resistenza di un atleta se quando questi sale sul ring è contratto. Se addirittura nella guardia il pugile risulta contratto allora ci troviamo di fronte a un problema grosso che deve essere risolto. Per quanto mi riguarda addirittura prima che l'allievo calpesti il tappeto per la prima volta. Un pugile mette tutte le sue energie nel portare l'azione e ne mette altrettante in situazioni di difesa, sia essa attuata negli spostamenti e nelle schivate, sia essa preferita nel chiudersi a guscio, quindi contraendo i muscoli al massimo per attutire i colpi. Sfido chiunque a calcolare quanta forza occorre per sopportare i colpi di un pugile professionista anche nel caso dovessimo prevederli e quindi pararli, ricevendoli sulle braccia. La guardia non dovrebbe rappresentare quel momento in cui ci si chiude a riccio per sopportare l'attacco, o si gira sul ring per evitarlo. La guardia come detto sopra, deve essere quella condizione che sta tra un'azione e l'altra, sia essa d'attacco, sia essa di difesa. È quindi importante nei casi in cui si percepisce una contrattura eccessiva del pugile nella semplice impostazione di guardia, lavorare sul problema a livello di scioltezza muscolare, e soprattutto sul lato psicologico dell'allievo. Lavorare sui muscoli ma anche sui timori del pugile.

È ora fondamentale concentrarsi su un altro concetto basilare del pugilato e soprattutto della guardia, vale a dire l'equilibrio.

Per prima cosa è assolutamente fondamentale evitare di caricare con troppo lavoro una parte del nostro corpo. Se dovessimo essere impostati in maniera non equilibrata andremmo per forza di cose a gravare col nostro peso su una parte del corpo piuttosto che su un'altra. Va da sé concludere che questa parte del corpo si affaticherà sempre di più e oltre al semplice sbilanciamento durante le nostre azioni, rappresenterebbe un grosso problema nell'affrontare un match o anche una semplice sessione di sparring. La ragione è semplice: se affatico una parte del corpo in particolare, nel momento del bisogno il resto del nostro sistema muscolare sarà sollecitato più del dovuto per venire incontro a questa mancanza. Doppio lavoro per tutti i muscoli del corpo insomma. In questo senso è importante distribuire il peso e quindi l'affaticamento muscolare in maniera omogenea. Ma la cosa che è più importante – e secondo me più affascinante – riguarda quanto l'equilibrio possa essere fondamentale per la nostra stessa capacità di azione, sia che si parli di azione di attacco, di difesa o semplicemente di studio della tattica in termini di senso del ring. Se dovessi essere abituato a tirare i colpi in una qualsiasi situazione di sbilanciamento, sarei per forza di cose esposto a un probabile attacco dell'avversario. Tutto questo insieme di cose, che verrà approfondito nelle prossime pagine, dipende in realtà dall'impostazione di guardia. Una guardia sbilanciata mi procurerà senza dubbio un metodo di azione, di difesa, o di tattica, che propenderà a sviluppare l'azione stessa in una direzione, sia essa spinta in avanti, indietro o sui lati. Ecco perché esiste una ragione ben precisa per cui il pugilato almeno all'inizio, andrebbe insegnato basandosi sulla teoria dell'equilibrio. La ragione è questa: se dovessi essere più portato a portare qualsiasi colpo sbilanciandomi, allora potrei diventare uno specialista del pugilato fatto in quel modo, con quella tipica pendenza insomma. In tal caso però non sarei in grado né di praticare la mia boxe in maniera bilanciata, né di farlo sbilanciandomi quando dovesse servire. Imparare la boxe in maniera bilanciata invece mi permette di capire e di agire tempestivamente in maniera opportuna, a seconda dello scenario. Con tutti gli sbilanciamenti che posso scegliere tatticamente di adottare a seconda dell'avversario che mi trovo di fronte.

Detto questo è importante stabilire un concetto che in tanti considerano eresia. Sulla base del dato di fatto che difficilmente esisteranno soggetti "uguali" dobbiamo essere in grado di fare adottare al nostro pugile il tipo di guardia a lui più congeniale. Dipenda esso dalla conformazione fisica o dalle semplici doti naturali (come potenza o velocità). In altre esistono tanti tipi di guardia e tutti possono essere insegnati in maniera equilibrata sia tecnicamente, sia psicologicamente.

a) Tipi diversi di guardia

La guardia quindi vuol dire equilibrio, sicurezza, controllo e studio. Sulla guardia e sulle metodologie di impostazione si discute tanto e da molto tempo. Credo che se ne continuerà a disquisire all'infinito perché se nel mondo del pugilato è difficile ritrovare verità assolute, allora è cosa buona e giusta imparare ad abituarsi a questo sin dall'albore della carriera. E quindi non esisterà mai una guardia che possa essere considerata perfetta o universalmente funzionale alla semplice pratica o al combattimento. Le gelosie e gli affetti che questo sport straordinario riesce a scatenare nelle persone, fanno spesso eleggere a divinità le figure che alla boxe avvicinano il neofita. Si viene spesso a creare quella regola secondo cui «il mio maestro mi ha insegnato così, quindi la boxe è questa». La presunzione di onniscienza mescolata con la tenerezza affettiva del pugile verso chi la boxe gliel'ha fatta scoprire in quella sorta di "prima volta", dovrebbe però ogni tanto essere lasciata da parte. Andrebbe invece sostituita da uno studio approfondito dei diversi elementi tecnico-tattici adottati dalle molteplici metodologie di insegnamento e pratica. Perché se non esiste una metodologia universalmente buona, è ovvio che non esiste neanche una metodologia universalmente sbagliata.

Un buono stratagemma per diventare versatili – ma che a sua volta nasconde tranelli molto pericolosi – è quello di cercare di emulare i propri beniamini, e questo non solo riguardo la guardia, bensì in tutto lo sviluppo della ricerca di perfezione da cui ogni pugile è assillato. Prendiamo per esempio un grandissimo campione già citato a cui si è già fatto riferimento. La guardia di Miguel Cotto è spettacolare, elegante e allo stesso tempo elemento basilare di una boxe estremamente aggressiva, potente, rapida e distruttiva. In una parola sola, efficace. Difficile non farsi ammaliare da quell'impostazione tendente al frontale tipicamente da *puncher*, con le spalle quasi perpendicolari alla linea di combattimento che unite al perfetto movimento rotatorio del tronco, permettono di lavorare alla grande e in maniera potentissima con entrambe le braccia. Quell'impostazione nasconde però delle criticità. La testa proiettata in avanti protetta dai guantoni fino alle tempie, è totalmente scoperta ai colpi che arrivano dal basso – complici i gomiti molto aperti alla ricerca della potenza in attacco – e si ritrova a essere tremendamente vicina ai guantoni dell'avversario. È vero che la realtà fatta di paradossi ci insegna che spesso i colpi corti, tirati da più vicino, non compiono il tragitto completo che vorrebbe la catena cinetica e a volte possono risultare meno duri e pericolosi. È altrettanto vero che uno dei paradossi più difficili da accettare, ci insegna che il colpo posso schivarlo in maniera più efficace passandoci sotto, piegandomi e quindi muovendomi verso l'avversario e non allontanandomi, come verrebbe istintivo pensare. Ma questo tipo di guardia resta una guardia esposta che Miguel Cotto e pochi altri sarebbero in grado di adottare, ricordandoci ancora una volta la linea netta di demarcazione tra il pugile e il campione. Una guardia estremamente allettante per eleganza ed efficacia che fa venire proprio voglia di imitarla. Meglio di no almeno all'inizio, caro pugile, meglio di no. Miguel Cotto riesce a stare in guardia in quel modo e fare scintille. È molto difficile che ci riusciamo anche noi.

E che dire del grande Mike Tyson? Tyson è un uomo di più di novanta chili alto un metro e ottanta, un peso massimo anomalo. Che per forza di cose combatteva nove volte su dieci con avversari più grossi di lui, vere e proprie montagne. Non poteva adottare altro modo di combattere, non poteva adottare altro tipo di guardia. Ma quanti pugili ricoprono le caratteristiche fisiche e tecnico tattiche di Mike Tyson? Velocità e potenza fuori dal comune, un'aggressività tattica decisamente singolare. Capacità quasi sovrumane si può dire per quel tipo di stazza. Una vera e propria "fuori serie". Non se ne ricordano tanti, giusto per usare un eufemismo. Come non si ricordano tanti allenatori del calibro del grande Cus D'Amato che ha intuito che Tyson, peso massimo piccolo e agile, andava impostato in quel modo. Una strategia ben diversa da quella con cui tanti anni prima aveva impostato Floyd Patterson, altro grande peso massimo, ma di diverse doti fisiche, tecnico-tattiche e soprattutto caratteriali.

Continuiamo a parlare dei pesi massimi. Quasi tutti quando si avvicinano alla boxe, o per lo meno in molti, e salgono sul ring a fare i guanti per le prime volte, si mettono a imitare "il più grande", meglio conosciuto come Muhammad Ali. La sua leggiadria, la sua danza degna di uno spettacolo dei più blasonati corpi di ballo, la sua velocità, le sue "punture d'ape". Il pugile che ha incantato il mondo. Già, in tanti varcano la soglia della palestra e si mettono a saltellare come cicogne sbilenche, con quel braccio sinistro a penzoloni, che spesso è in grado di trasformarsi in un jab più veloce, imprevedibile ed efficace. Con quell'atteggiamento spavaldo tipico di chi ancora non ha ben capito. Infatti poi spesso si sale sul ring e "si fa Muhammad Ali". E normalmente si prendono un sacco di botte. Perché di Ali ce n'è stato uno solo e anche lui spesso si sostiene non fosse umano. È sicuramente parte della sindrome del narcisismo pugilistico cercare di imitare Muhammad Ali, piuttosto che allinearci in quella pallosissima guardia plastica di quel noiosissimo pugile di Wladimir Klitschko. Però se si sale sul ring e si "fa Wladimir Klitschko" magari si scende soddisfatti, addirittura convinti di aver combinato qualcosa. Se invece si decide di "fare Muhammad Ali", ripeto… finisce che qualcosa va storto. Wladimir Klitschko. Ce ne sono un bel po' di pugili come lui: impostati in maniera semplice, canonica, prevedibile, noiosa o quello che volete. Ma ha dominato i pesi massimi per un decennio. Quindi viene da dedurre che sì, ce ne sono tanti di pugili come lui non come Muhammad Ali, che era unico. Insomma se tra tanti pugili simili e prevedibili è uscito proprio Wladimir Klitschko, allora comunque vuol dire che qualche dote nascosta il ragazzo l'aveva. Vedremo di approfondire tra qualche pagina.

Muhammad Ali nel 1976 avrebbe dovuto incontrare Teofilo Stevenson. Ma la situazione politica di Cuba e il grande amore del fuoriclasse cubano per la sua patria, il suo popolo e la sua Rivoluzione resero impossibile il concretizzarsi dell'evento. Come Stevenson liquidò le allettanti proposte dei promoter americani lo abbiamo già visto. Muhammad Ali sosteneva che se ci fosse stato qualcuno al mondo capace di batterlo sarebbe stato proprio l'amico Teofilo Stevenson, e il cubano a sua volta sosteneva la stessa cosa riguardo l'amico di Luisville. In pochi si sentono in potere di azzardare un pronostico su quella sfida mai disputata ma qui non siamo al bar, qui si parla di guardia. E prima di allontanarci dai pesi massimi vorrei fare un quanto mai opportuno e veloce riferimento alla guardia di Stevenson. Equilibrio, eleganza, leggiadria, tranquillità e sicurezza di sé. Accademia. Se non si fosse più volte asserito tra queste pagine che la perfezione assoluta nel pugilato non esiste, allora verrebbe proprio da farci riferimento alla perfezione, quando si parla di Teofilo Stevenson. D'altra parte lo abbiamo già visto la boxe a Cuba è scuola e studio, non semplice tradizione. Sembra quasi di parlare di una lezione di matematica, ma la matematica è noiosa e fa saltare i nervi, difficilmente ammalia. Ma anche se sembra strano, la matematica c'entra eccome con la boxe – e con la boxe cubana in particolare – va da sé però notare che la "sola" matematica non potrà mai da sola contemplare l'estro geniale di gatti indiavolati come Guillermo Rigondeaux, o di bilance dalle fattezze umane come Erislandy Lara, giusto per citare un paio di campioni cubani contemporanei tra i più conosciuti. Ebbene tutto quell'estro geniale dipende da una moltitudine di parametri di cui il primo è proprio la guardia.

Cotto, Tyson, Patterson, Ali, Klitschko, Stevenson, Rigondeaux, Lara, potremmo andare avanti secoli e scrivere dieci Bibbie, altrettanti Corani e altrettante Torah, contemplando la meraviglia delle impostazioni di tanti campioni, anche dei giorni nostri, giusto per provare una volta tanto a pensare non al passato, bensì al presente e magari al futuro della boxe. L'accademia sublime di Vasyl Lomachenko, l'indecifrabile e meravigliosamente snervante impostazione *shoulder roll* di Floyd Mayweather Jr, l'inspiegabile risultato dello studio di Joe Calzaghe e papà Enzo nel dotare un essere umano di un'insostenibile velocità, la furia esilarante e spettacolare di Ricky Hatton che imposta il suo stile per arrivare a segno, mettendo tanto cuore e tanta aggressività, senza paura di ricevere i colpi.

No, non è indicato cercare di imitare certi mostri. Mettere in discussione la propria impostazione e la propria boxe è un'operazione da mettere in atto con calma e pazienza, meglio lasciare scorre il tempo senza fretta e perfezionarsi un po' per volta, pezzo per pezzo.

Certamente è bello pensare che anche loro, sì, proprio loro, un giorno avranno varcato la soglia della palestra e per forza di cose si saranno sentiti dire, o magari ordinare cose del tipo:

> Mettiti di fronte a me; metti un piede in avanti; ora inclina i piedi a quarantacinque gradi; piega leggermente le gambe; abbassa il mento e nascondilo dietro la spalla, solleva il braccio anteriore tenendo il polso all'altezza degli occhi come fosse un mirino; porta il gomito posteriore a protezione del fegato e della bocca dello stomaco; devi metterti in modo che il tuo avambraccio posteriore ti protegga dal fegato col gomito, allo zigomo col pugno.

A grandi linee si può riassumere così come in tante palestre cercano di insegnare la guardia il primo giorno. Altri maestri semplicemente dicono: «Mettiti in guardia!», e lasciano che l'allievo esprima il suo primordiale concetto di guardia, che per forza di cose andrà corretto ma che spesso suggerisce al maestro quale tipo di guardia potrebbe essere la più adatta per quel determinato tipo di pugile.

Eh sì nel pugilato è all'ordine del giorno scontrarsi, o meglio incontrarsi, con metodologie di insegnamento tra le più svariate. È proprio per questo che tornando al discorso iniziale, bisognerebbe ogni tanto lasciare da parte la presunzione dell'onniscienza e l'affetto verso il nostro maestro (o il nostro primo maestro), soprattutto per chi, per un motivo o per l'altro, potrà avere la fortuna di mettere a confronto diverse opinioni, scuole e tradizioni. Questo non deve succedere perché l'insegnamento del nostro maestro è errato, ma perché qualsiasi diversità che ci si parerà davanti, ogni qual volta dovesse arrivarci un consiglio da qualcuno che la pensa diversamente (ovviamente parliamo di persone competenti), sarà per forza di cose un tesoro. Un qualcosa in più. Un segreto in più per affrontare un'azione offensiva, difensiva, tattica, un trucco in più per metterla in atto. E state tranquilli che non solo un buon maestro è ben consapevole di tutto questo e perdonerà qualsiasi pugile per il suo "tradimento", ma sarà al contrario ben contento di vedere che il suo allievo si dimostra in grado di interpretare la boxe in maniera versatile, imprevedibile, completa e perfino curiosa.

Per questo motivo non c'è da spaventarsi se per esempio un giorno dovessimo trasferirci in un'altra città, oppure se semplicemente il nostro amore per la boxe fosse tanto grande che persino in una breve vacanza o viaggio, ci venisse voglia di andare a visitare una palestra locale per vedere come funziona lì il pugilato. E allora in quel caso non mancherà il ritornello: «Quella guardia lì non va bene». Perché mettiamoci bene in testa che laggiù, la prima cosa che osserveranno e su cui ci romperanno le palle sarà naturalmente la guardia. Dobbiamo sperare al contrario, che questo qualcuno prosegua nella sua osservazione e magari ci suggerisca: «Vieni qui che ci penso io». A quel punto non avremmo tradito proprio nessuno, tanto meno noi stessi. Anzi avremmo imparato un altro modo, oltre a quello già assimilato, di comportarci sul ring. Per fortuna la magia della boxe crea caratteri dolcemente burberi e fieri di sé, che quando si "visita" una nuova palestra succede proprio questo.

Occorre comunque ora aprire un discorso su chi invece preferisce caratterizzare, o catalogare, in maniera precisa quelle che possono rappresentare diverse metodologie di impostazione. Sto nuovamente facendo riferimento all'Aiba e alla sua differenziazione degli stili pugilistici secondo la teoria delle «quattro scuole». E per fortuna che è stata fatta questa differenziazione! Perché il risultato oltre a fare un po' di chiarezza e quindi suggerirci delle metodologie ben definite e in ogni caso eccellenti, è decisamente interessante. Ci viene così offerta la possibilità di attingere da vari tipi di impostazione che potrebbero fare proprio al caso nostro, se dovessimo convincerci che una sorta di *melting pot* pugilistico possa contribuire a fornirci idee esaurienti su come sviluppare il nostro pugilato. Prendiamo quindi appunti e facciamo tesoro di alcuni di questi suggerimenti per poi provare a individuare noi stessi alla fine di questo capitolo, uno stile, o più stili di guardia ideale.

Vediamo come l'Aiba suggerisce una tipica impostazione di guardia secondo la scuola statunitense:

> Il pugilato olimpico statunitense è molto variegato a causa della cultura, del background etnico, degli stili, metodi e filosofie insegnate da una larga schiera di allenatori. Uno degli elementi che più saltano agli occhi riguardo lo stile statunitense è lo stato atletico dei pugili. La grande preparazione atletica permette al pugile di poter utilizzare al meglio velocità, potenza, forza e agilità. Per fornire il pugile di tutti questi attributi gli allenatori statunitensi si affidano al Usa boxing program. Un fattore unico della boxe statunitense è rappresentato dall'illimitata quantità di tornei in cui competere a livello nazionale, il Guanto d'argento, il Guanto d'oro, la Federazione della polizia, ovvero la National police athletic league, quella delle forze armate, che è la Armed Forces e il Programma olimpico giovanile. Questi programmi contribuiscono a dare l'opportunità al pugile statunitense di sviluppare una buona esperienza sin dall'età giovanile.

Riguardo all'impostazione di base, quindi alla guardia, l'Aiba si esprime in questi termini:

> La maggior parte dei pugili statunitensi boxa con una guardia bilanciata che permette di preparare l'attacco con la mano anteriore doppiata dal diretto, e proseguendo con combinazioni variegate basate sullo spostamento laterale di modo che

> l'attacco possa essere portato da diverse angolazioni. La guardia bilanciata consiste nel tenere i piedi alla larghezza delle spalle e la distribuzione uniforme del peso tra i piedi. Questo permette al pugile di muoversi per il ring con grande facilità in ogni direzione senza sbilanciarsi.

Possiamo concludere però che i suggerimenti non abbondano tra queste righe. Effettivamente come già accennato pagine addietro e come ripreso dalla stessa introduzione appena riportata, la scuola statunitense risulta troppo variegata per poter individuare uno stile ben definito e diffuso. Tuttavia c'è un primo suggerimento che riguarda uno dei principali fattori capaci di creare una guardia bilanciata: la distanza tra i piedi e la distribuzione del peso. Teniamone conto e continuiamo ad analizzare le successive "scoperte" dello studio Aiba. Spostiamoci in Europa:

> L'Europa è un continente formato da molti paesi e il suo stile di boxe è stato influenzato principalmente dall'Inghilterra, la Francia, la Germania, l'Italia, la Polonia, la Russia e altri. Ogni paese ha sviluppato un proprio sistema di formazione con *training camp*, tornei misti, studi specifici, controllo e monitoraggio degli allenamenti sportivi. Tuttavia dopo la Seconda guerra mondiale, questi stili si sono mescolati e gli allenatori di ogni paese, forti di diversi elementi suggeriti dalla loro conoscenza ed esperienza personale, si sono mossi principalmente a migliorare le competenze e le preparazioni del pugile individuale. Gli allenatori europei lavorano per sviluppare competenze tecniche e tattiche del pugile basandosi sulle competenze fisiologiche e fisiche dell'individuo così come sul livello di preparazione psicologica. Il pugile esegue una serie di colpi corti e dinamici con buon gioco di gambe e combinazioni portate dopo la difesa in risposta all'azione dell'avversario.
> La posizione di guardia è estremamente variegata. I pugili alternano le guardie con distribuzione alternata del peso sulle gambe, sulle spalle, sulle braccia e cambiando la posizione dell'anca, dei piedi e dell'inclinazione del tronco. Si alternano spesso momenti di attacco e di difesa.

Ecco. Lo scetticismo espresso pagine prima nel voler per forza dover inquadrare una scuola europea trova conferma tra queste stesse righe. Infatti in questo paragrafo non viene individuato nulla di specifico ma il ragionamento si sposta sul globale. In poche parole viene suggerito che il pugile può adottare qualsiasi tipo di guardia e che di conseguenza, potrà affrontare qualsiasi tipo di tattica a seconda della guardia che preferirà adottare o che il maestro gli avrà preferito insegnare.

Speriamo che analizzando la sezione dedicata all'Unione Sovietica possano arrrivare consigli più efficaci:

Lo stile pugilistico russo, trova le sue radici in Unione Sovietica e sono state mantenute molte caratteristiche fondamentali. È famoso per i colpi precisi a bersaglio e per l'aggressività, oltre al grande movimento sul ring e la ricerca di tecniche riguardanti l'alimentazione. È uno stile di boxe dominante, che grazie a tecniche e competenze avanzate ha influenzato molti paesi vicini. La preparazione tecnica è aspetto fondamentale e si basa sul lavoro sul singolo atleta, basando la preparazione atletica del pugile anche su metodologie di allenamento esterne alla boxe. I pugili russi sono soliti alternare alla guardia bilanciata gli spostamenti di peso da una gamba all'altra. Inoltre sono particolarmente abili nell'invitare l'avversario con finte o colpi leggeri con una mano per poi doppiare di potenza con l'altra. La guardia prevede graduali cambiamenti di stile facendo sempre e comunque riferimento a una posizione iniziale bilanciata con distribuzione omogenea di peso, ritrovandosi così a essere molto versatili a seconda dell'avversario che si troveranno di fronte. Tuttavia nell'iniziale fase di impostazione il pugile viene chiuso in una guardia piuttosto frontale, tecnica che permette al pugile di poter:

– Passare agevolmente col peso da un piede all'altro.
– Godere di un corretto posizionamento di spalle e fianchi.
– Prendere in modo adeguato la distanza di modo da poter attaccare sia portando semplicemente il colpo, sia preparando le azioni ruotando il tronco in maniera naturale.

Senza dubbio in questo caso vengono fornite più informazioni. Alcune riguardano la tecnica-tattica in generale – come quando si fa riferimento all'invito dell'avversario all'attacco per poi sferrare il colpo d'incontro, aspetti di cui parleremo più avanti – altre riguardano invece l'impostazione vera e propria. Appuntiamoci la parte riguardante la tecnica di impostazione frontale. Spostiamoci ora a Cuba:

A Cuba la boxe è molto influenzata da aspetti della cultura locale, tra cui la musica e la danza. Lo stile pugilistico cubano è caratterizzato da un gran ritmo, con movimenti ben coordinati uniti a grandi capacità tecniche e buona conoscenza tattica, è simile alla danza. Dalla sua radice originale, lo stile pugilistico si è sviluppato attingendo da tante altre metodologie. Per esempio la forza e il modo in cui il pugile cubano porta i colpi è una metodologia adottata dallo stile europeo, mentre i movimenti del corpo e dei piedi sono stati adottati e sviluppati attingendo dagli Stati Uniti. Inoltre lo stile del pugilato cubano ha adottato metodologie ex-sovietiche per quanto riguarda le strategie di preparazione atletica e l'allenamento specifico per le competizioni. La guardia classica cubana fornisce molta protezione per il pugile e allo stesso tempo permette di attaccare in modo efficace col gioco di gambe e col movimento dei fianchi. Il vantaggio della guardia cubana consiste nel fatto che permette al pugile l'esecuzione di traiettorie molto veloci e alla lunga distanza, le schivate sono aiutate dalla rotazione dell'anca e del piede posteriore. La posizione delle braccia permetterà ai pugili di difendersi facilmente sia dai colpi larghi che da quelli dritti. Allo stesso tempo, questa posizione non impedisce la visione periferica del movimento dell'avversario.

A parte la fantasiosa interpretazione antropologica iniziale sull'evoluzione della scuola cubana, basata sicuramente più sul folklore del concetto di "isola felice" piuttosto che sulla realtà e su quali elementi di osservazione delle tattiche straniere abbiano effettivamente portato a questa stessa evoluzione (dal momento che per esempio poco sopra e all'interno dello stesso documento, si asseriva l'impossibilità di individuare la scuola europea), molti elementi riportati tra queste righe risultano tremendamente interessanti.

Approfondendo infatti quanto riportato va detto che effettivamente la tipica guardia cubana nasconde delle particolarità ben precise. Partiamo dall'impostazione dei piedi. Senz'ombra di dubbio i piedi sono tenuti alla stessa distanza delle spalle, proprio come si sosteneva nell'analizzare la guardia statunitense. Ma c'è un altro elemento tipico della guardia cubana che fornisce maggior bilanciamento e velocità di spostamento. Si tende infatti a riportare il più possibile l'incidenza delle ginocchia all'interno, avvicinandole tra loro quasi a disegnare due frecce, due indicazioni specifiche, che ci indirizzano a intuire esattamente dove cadrà il baricentro del peso corporeo: a terra in un punto esattamente equidistante dai piedi. Per provare questa sensazione di stabilità e bilanciamento, provate semplicemente stando in piedi a orientare le ginocchia prima verso l'esterno, e poi avvicinatele e orientatele verso l'interno, infine tenetele parallele. Provate quindi a lasciarvi cadere in verticale. Noterete subito che nel primo e nel terzo caso la caduta è inevitabile, mentre potrete ben constatare che con le ginocchia orientate all'interno rimarrete sorretti distribuendo il peso corporeo in maniera del tutto naturale e senza sforzi all'interno degli avampiedi, che sono proprio i più efficaci punti di pressione alla base del movimento del pugile. Questa situazione totale di equilibrio "rilassato" è aiutata da altri due elementi fondamentali che riguardano l'impostazione delle gambe nella guardia cubana. Il primo è il piede posteriore che viene orientato il più possibile con la punta rivolta in avanti, rispetto all'anteriore che invece sarà tenuto nella più canonica direzione a quarantacinque gradi. Questo elemento fondamentale ci permette per prima cosa di poter tenere più facilmente le ginocchia vicine – e quindi rimanere più equilibrati – e in secondo luogo costituisce la base per una formidabile tecnica di attacco. Come infatti osserveremo tra qualche pagina per portare un qualsiasi colpo col braccio posteriore è necessario ruotare il tallone del piede posteriore verso l'esterno. Come un colpo di coda. Come se dovessimo spegnere una sigaretta. In questo senso più il piede posteriore sarà orientato con la punta in avanti, più breve sarà la rotazione del tallone e per forza di cose, la catena cinetica per tirare il colpo sarà innescata in maniera molto più veloce. Questo andrà a scapito della potenza del nostro colpo che sarà caricato meno, ma ci permetterà di essere tremendamente più veloci, oltre che più precisi. Probabilmente questa scelta dipende anche dal fatto che i cubani combattono solo nei circuiti olimpici dilettantistici dove ci si misura su tre round da tre minuti, e dove per forza la velocità e la precisione sono aspetti più importanti di cui tenere conto nella preparazione del pugile, piuttosto che la potenza del colpo. L'altro elemento fondamentale riguarda il modo in cui s'imposta la parte superiore delle gambe, vale a dire il fondo schiena, che sarà tenuto molto in fuori orientando a sua volta la schiena in posizione concava. Questa posizione, corroborata ovviamente con la leggera flessione sulle ginocchia, non solo permette un aumento del bilanciamento, ma offre una straordinaria protezione al pugile. Per prima cosa infatti, la fascia addominale (dove dobbiamo riparare punti delicati quali il fegato, la bocca dello stomaco, la milza, ecc.) saranno più nascosti e più lontani dall'avversario, offrendo quindi meno bersaglio, ma soprattutto diminuirà la distanza tra la fascia addominale stessa e il viso. In questo modo, l'avambraccio posteriore del pugile si ritrova ben posizionato per poter riparare ogni punto critico, dal tronco alla tempia.

Questa guardia è eccellente sia per facilitare le schivate, sia per attuare il «dentro e fuori», basi del pugilato cubano che principalmente tende a lavorare di gran velocità alla lunga o media distanza.

A livello personale ritengo che la differenziazione delle metodologie di impostazione della guardia non dipende troppo da elementi "geografici" o sociopolitici, che sono piuttosto parametri di natura storica da cui attingere. Credo che invece l'ideale sia costruire la guardia sul pugile che ci si trova di fronte.

Tendenzialmente il fisico umano può a grandi linee essere suddiviso in tre tipologie. Ci sono soggetti più longilinei, altri più tarchiati, altri ancora più proporzionati. In questo senso un'impostazione come quella cubana, potrà funzionare con un soggetto proporzionato, sarà l'ideale per un fisico longilineo, ma non potrà certo funzionare con un soggetto con gambe e braccia un po' più corte e il tronco molto largo e spesso. In questo caso una guardia più frontale – come quella che l'Aiba attribuiva alla scuola sovietica – e una tattica basata sugli spostamenti laterali e sulle schivate alla corta distanza, potrà dimostrarsi molto più funzionale.

Un soggetto molto alto potrebbe giocarsela invece in due modi diversi. Se dovesse essere poco agile allora sarebbe meglio impostarlo con una guardia canonica e lineare, mentre a livello tattico si dovrebbe lavorare sulla scelta di tempo e sul mantenimento della lunga distanza in modo da fargli mantenere il centro del ring, per lavorare ossessivamente col jab. Se invece dovesse dimostrare grande agilità, lo si potrebbe indirizzare verso una boxe di rimessa, basata anch'essa sulla grande scelta di tempo e il lavoro col jab, oppure sulla boxe d'incontro dall'angolo o dalle corde, un pugilato che gli permetta di muoversi il più possibile sul ring.

In questo senso è bene aprire una parentesi sul posizionamento delle gambe. Partendo dal presupposto che equilibrio e bilanciamento rimangono aspetti fondamentali e intoccabili della guardia, ritengo che l'impostazione cubana delle gambe sia fondamentale: più le gambe sono larghe e più distanza riuscirò a mantenere, ma allo stesso tempo sarò meno agile negli spostamenti. Al contrario più le gambe sono vicine, più potrò muovermi liberamente e agilmente, ma avrò meno equilibrio. Si è detto prima analizzando quanto sostenuto dall'Aiba rispetto alla scuola statunitense che i piedi tenuti alla stessa distanza delle spalle conferiscono un bilanciamento ideale, ma ciò non toglie che di fronte a soggetti specifici la guardia non possa essere insegnata in maniera bilanciata sia con le gambe più aperte, sia con le gambe un po' più strette.

Teniamo quindi presente questo fattore di costante cambio e intreccio di variabili per interpretare sotto la lente d'ingrandimento della versatilità i brevi accenni che seguono sui vari tipi di guardia.

Guardia canonica o in linea

È un tipo di guardia universale che può andare bene per tutti. Molto impostata e se vogliamo poco spettacolare, è comunque una guardia sicura che se conosciuta nei minimi dettagli può permetterci di essere a nostro agio in ogni situazione. Se la sua utilità si può definire quasi universale, va specificato che è molto usata da pugili alti, mentre è decisamente l'ideale per quelli molto alti. Controindicata invece per soggetti più tarchiati. È una guardia bilanciata con i piedi alla stessa larghezza delle spalle, canonicamente inclinati a quarantacinque gradi, le gambe leggermente flesse ma non troppo. Obiettivo di questa guardia è infatti la ricerca del dominio e del controllo della situazione, quindi dell'altezza. Il corpo è molto di profilo e offre meno bersaglio possibile all'avversario, mentre le spalle sono entrambe alte e le mani sollevate a protezione. La mano anteriore si tiene nella canonica posizione del mirino per un semplice motivo: siamo chiusi in una guardia volta alla strategia di controllo e dominio dell'avversario tendenzialmente dall'alto, dovremo quindi lavorare in maniera perfetta e incessante con il jab. È una guardia tuttavia poco dinamica oltre che inutile nel caso in cui il nostro avversario sia tanto più alto. L'apertura delle gambe può aumentare se dovessimo essere in grado di sovrastare il nostro avversario. In quel caso una volta preso il centro del ring nessuno sarebbe in grado di spostarci da lì.

Guardia chiusa

È un altro tipo di guardia estremamente canonica. Non è troppo diversa dalla precedente, è semplicemente più ranicchiata: in questo modo le gambe si flettono maggiormente come il corpo, le spalle si alzano ancora di più e le mani si avvicinano al volto. Si perde quindi in altezza e si ruota leggermente in posizione più frontale. Questo tipo di guardia è prediletto in particolare da coloro i quali sono abituati a combattere in linea ma per esempio, si trovano di fronte a un avversario più alto o che semplicemente usa il jab meglio. Spesso si può adottare questo tipo di guardia quando la tattica impone la ricerca di una distanza più breve, magari confidando nelle parate e risposte, piuttosto che la ricerca del tempo o del «dentro e fuori». È un buon tipo di guardia, anche se a mio avviso un po' troppo "stringente", tende infatti a contrarre il pugile.

Guardia a mani basse

Spesso utilizzata da pugili alti o comunque che sovrastano l'avversario, ha tra le sue prerogative l'agilità e il senso del ring. Le gambe sono un po' più strette perché si ricerca l'agilità di movimento. La mano anteriore è tenuta bassa a penzoloni e quella posteriore copre al massimo fino al mento, ma spesso viene lasciata anche più bassa. Le mani basse non solo sono in grado di far partire il colpo più velocemente e più "di nascosto" ma ci permettono di stare più rilassati e più leggeri, facendo meno fatica ad affrontare la ripresa. Inoltre il moto oscillatorio delle braccia ci aiuterà negli spostamenti – che in questo caso consistono nel «dentro e fuori» o nei perni – atteggiamenti tattici che per forza di cose, sono volti alla ricerca della distanza e del colpo d'incontro. È una guardia elegante e spettacolare, molto efficace se s'impara bene a usarla, ma anche molto pericolosa. Credo che per usare questa guardia si debba essere dotati di parecchio talento, sennò ci si fa parecchio male.

Guardia cubana

Lo abbiamo già visto, i cubani riguardo l'impostazione hanno studiato tanto. La loro guardia estremamente bilanciata è pressoché perfetta. Quell'inclinazione dei piedi particolare, le ginocchia volte all'interno, il sedere in fuori, la schiena inarcata, il braccio posteriore che riesce a proteggere bene sia il corpo sia il volto, la spalla anteriore ben alta a protezione del mento e il pugno anteriore molto avanzato e flesso verso l'interno. È una guardia che può sembrare innaturale da adottare soprattutto all'inizio, ma facilita tantissimo la vita. Perfetta per il «dentro e fuori» e i perni, è l'ideale per un pugilato agile e dinamico. Il sedere in fuori e la schiena inarcata sono elementi fondamentali per indirizzare agilmente le schivate sotto al colpo dell'avversario, oltre a rappresentare un'eccellente soluzione per non affaticare nessuna parte del corpo, neppure la schiena. Strepitosa per leggiadria ed eleganza si basa sulla ricerca del movimento ideale per la messa a segno del colpo in maniera precisa e d'incontro, confidando in velocità e scelta di tempo, piuttosto che sulla potenza di esecuzione.

Va in questo caso ricordato che spesso i pugili cubani sono molto longilinei e alti. Non è infatti una guardia indicata per chi deve cercare la corta distanza.

Guardia shoulder roll

Guardia virtuosa e spettacolare è l'ideale per la media distanza, ma richiede doti di talento non indifferenti. Per una volta partiamo dall'alto. La spalla anteriore è molto alta a protezione del volto, così come la mano posteriore che copre più in alto possibile. Questo succede perché il braccio anteriore viene lasciato aderente al corpo, con l'avambraccio indirizzato all'indietro a protezione della zona addominale in sostituzione del gomito del braccio posteriore, che di conseguenza scivolerà sul corpo in posizione più avanzata. Le gambe sono molto aperte per un motivo ben preciso: si tratta infatti di una guardia molto chiusa che non affatica nessuna parte del corpo in particolare. "Rimpicciolisce" e unisce in un guscio tutta la parte superiore del corpo dalla vita alla testa. Questo permette alle anche di compiere senza fatica rotazioni e movimenti di avvicinamento e allontanamento con grande velocità e reattività. In poche parole permette di attuare in maniera molto agile sia il movimento di «dentro e fuori», sia la ricerca della strategia laterale basata sui piegamenti del tronco per cercare l'attacco o la difesa da diverse angolazioni. In questo modo però si avrà un continuo sbilanciamento della guardia. Tutto questo impone al pugile da un lato di muovere il tronco il più possibile di modo da non rimanere troppo in posizione sbilanciata e quindi di affaticamento, dall'altro di cercare l'equilibrio allargando le gambe. Questo fa riflettere su una cosa importantissima e su cui discuteremo tra qualche pagina. La difesa, basata sui movimenti di tronco e quindi non solo sulle schivate sotto al colpo ma anche su quelle di allontanamento dal colpo, è molto efficace. Tuttavia non va dimenticato un aspetto. Il corpo non può piegarsi all'infinito e lo stesso ring è un ambiente delimitato. Quasi tutte le guardie fondano i loro movimenti di difesa su spostamenti delle gambe e quindi su piccoli passi. La guardia *shoulder roll* invece preferisce muovere vorticosamente, frontalmente o lateralmente il tronco. Per sentirsi al sicuro agendo in questo modo non si deve far altro che allargare le gambe e mantenere l'avversario il più lontano possibile di modo che non possa avanzare troppo da superare la potenzialità di inclinazione del nostro corpo. Ne risulta un pugilato spettacolare e tremendamente efficace, i colpi con la mano anteriore sono ancora meno prevedibili perché la mano è nascosta – in più arriveranno belli carichi, o se non alto ben "frustati" – e perché partono da più lontano. I colpi tirati col braccio posteriore, saranno altrettanto micidiali perché la catena cinetica si arricchisce di un altro anello. Il gomito posteriore molto avanzato riceve infatti più spinta dalla rotazione del corpo e per forza di cose ricopre una traiettoria precisissima e molto interna. In una parola micidiale. Il continuo sbilanciamento conferisce al pugile grande padronanza del movimento "a pendolo" ideale e fondamentale per la ricerca del colpo d'incontro.

Ideale per pugili estremamente agili e dotati di colpo d'occhio. La continua rotazione del tronco infatti se attuata nella direzione sbagliata, esporrebbe a colpi d'incontro laterali dalla micidiale efficacia. Profondamente sconsigliata per chi è agli inizi.

Guardia frontale

Si tratta di quel tipo di guardia cui si è accennato prima nell'analisi di quella che secondo l'Aiba è la scuola sovietica. Ci sono alcune teorie su come impostarla, questa secondo me è la più efficace. I piedi sono all'altezza delle spalle ma sono orientati entrambi con direzione tendente all'anteriore. I gomiti dovrebbero a mio avviso appiccicarsi al corpo chiudendo tutto il bersaglio grosso in un guscio formato da braccia e avambracci. Spalle alte e guantoni uniti a proteggere il viso fin sotto agli occhi. È una guardia bilanciatissima che al contrario di quanto si possa immaginare, non richiede un grande dispendio di energie. Ci permette di muoverci agilmente sul tronco per schivare e ruotare sia in un'azione di difesa, sia se ci stiamo ingegnando su come scardinare la guardia avversaria e quindi trovare l'angolazione laterale ideale per attaccare. È naturalmente indicata per pugili piccoli o comunque tarchiati, che non possono confidare in un grande allungo e quindi sono obbligati a cercare ossessivamente la corta distanza.

Per concludere questo capitolo, si nota subito quanto il pugilato sin dall'analisi del suo elemento base – vale a dire la guardia – sia soggetto a parametri di interpretazione volti alla ricerca ogni volta più approfondita di una sempre maggiore versatilità. Una versatilità necessaria per un semplice motivo. Il pugilato è una disciplina sportiva immensa, che da poche e strettissime regole crea un oceano di situazioni capaci di creare compatibilità o incompatibilità. Non è affatto detto che se io pugile A dovessi battere un ipotetico pugile B, che a sua volta ha stravinto su un pugile C, debba allora per forza ritenermi più forte o più bravo del pugile C e quindi in grado di batterlo. Nella boxe non esiste la proprietà transitiva, esistono stili che si ritrovano a essere perfettamente compatibili con certi stili, per poi alla fine risultare completamente rovinosi contro altri. Nel pugilato bisogna vedere come ci si incastra volta per volta. E di nuovo riappare la linea netta di demarcazione tra il pugile e il campione. Il pugile sa affrontare qualsiasi tipo di stile – possa alla fine vincere o perdere l'incontro – il campione quello stesso incontro saprà affrontarlo nel migliore dei modi. Si tratta quindi di adattarsi a un continuo stravolgimento di condizioni che dovrebbero essere dominate e interpretate a seconda della situazione.

Altro che matematica, nella boxe le variabili sono infinite e inaspettate. E ti colgono sempre di sorpresa.

6. I colpi della boxe

Passiamo ora ad analizzare singolarmente quella che apparentemente viene considerata la parte fondamentale del pugilato, vale a dire i colpi. Dico "apparentemente" per una ragione ben precisa. Teniamo per esempio presente un classico discorso da palestra di sport da combattimento: «A me piace la thai boxe, non il pugilato, perché nella thai boxe si usano le gambe». Perfetto, nulla di più sbagliato. Nel pugilato non solo non si smette un attimo di usare le gambe, ma anzi, le gambe stanno alla base della tattica di combattimento e sono aspetto fondamentale per rendere l'incrocio dei colpi il più efficace possibile, perché sono la base della famosa catena cinetica. In poche parole senza gambe il pugile non può fare nulla, ma che dico nulla, un pugile che non sa usare le gambe semplicemente non è un pugile. Quindi tra queste righe analizzeremo i colpi del pugilato uno per uno, facendo molta attenzione al modo in cui i colpi vengono da un lato caricati e dall'altro possono cambiare incidenza e obiettivo con semplici spostamenti sulle gambe. Ci accorgeremo che i tre fondamentali colpi del pugilato possono raggiungere infinite variabili di efficacia e soprattutto di "senso" in base agli spostamenti. In altre parole, i piedi e le gambe sono il "senso" del nostro pugilato, il nostro marchio di fabbrica.

Come detto i colpi del pugilato sono tre: il diretto, il gancio e il montante. Ma dobbiamo considerare che abbiamo due braccia e che i colpi possono essere portati al volto o al corpo dell'avversario. Va da sé concludere che quindi i colpi nel pugilato sono dodici. Aggiungo una piccola istruzione per l'uso. Esistendo un criterio di base cui fare riferimento per decidere quale tipo di guardia usare – vale a dire se posizionarsi in guardia regolare o mancina – adotteremo una regola molto semplice per non fare confusione: analizzeremo i colpi come se ci trovassimo in guardia regolare. Per chi fosse mancino basterà semplicemente sostituire «sinistro» con «destro» e viceversa. Poi su come interpretare il combattimento tra guardie diverse, regolare e mancina, dedicheremo una parte specifica tra qualche pagina.

7. Il jab

«Volo come una farfalla e pungo come un'ape». Così Muhammad Ali definiva il suo pugilato. La leggiadria e la delicatezza con cui "il più grande" si muoveva attorno al ring ricorda proprio la leggerezza della farfalla e poi improvvisamente eccola la puntura dell'ape, fulminea e impercettibile! Eccole le punture d'ape scaricate

a ripetizione sul malcapitato di fronte, infuriato e frustrato, che corre dietro alla farfalla quasi volesse acchiapparla invano con un retino fatto apposta. E cazzo se fanno male quelle punture d'ape. Fastidiose e dolorose. Precise e presuntuose arrivano proprio lì dove l'avversario sta cercando di ripararsi, proprio lì dove fa più male e continuano a ripetizione proprio dove hanno colpito più volte. Questo era Muhammad Ali, quelle erano le sue punture d'ape: una sola oppure due, spesso anche tre. Spesso erano jab. Persino quando le punture arrivavano a centinaia anche col diretto, spesso è col jab che decideva di cominciare a pungere, a torturare l'avversario. Torturare sia fisicamente sia moralmente l'altro, demoralizzarlo come si volesse ridurlo a un principiante, o peggio, a qualcuno che ha sbagliato sport.

Impossibile parlare del jab senza ricordare Muhammad Ali. Zac! Pungeva e poi spariva, e... Zac! Zac! Altri due jab. Col jab Ali pungeva e invitava l'avversario a seguirlo e poi... Zac! Puniva. D'incontro. L'abc della boxe di rimessa, un pugilato elegante e spettacolare, che fa letteralmente impazzire e perdere le staffe all'avversario. Ma quanto talento serve per boxare di rimessa.

Wladimir Klitschko invece ha una filosofia diversa del jab. Per lui è uno sbarramento. Controllo totale. Muhammad Ali infatti era un peso massimo anomalo. Leggiadro come un peso gallo picchiava come un massimo. Un gigante col pugno da gigante e la leggerezza di un gatto. *Wova* Klitschko invece è un gigante e basta. Col passo da gigante e il pugno da gigante. Forse il pugno di tre giganti messi insieme. Si piazza al centro del ring e stende a tempo perfetto il suo braccio sinistro chilometrico e... Boom! *Wova* il gigante ti inquadra, ti controlla, ti impedisce di avvicinarlo, prende le distanze, aspetta che ti distrai o ti innervosisci, prende bene la mira e di nuovo... Boom! Ecco che *Wova* ha doppiato il jab col destro. E buonanotte a tutti. Boxe in linea, semplice e canonica. Ma micidiale.

Rimessa e controllo. Il jab è il colpo alla base del pugilato, è il colpo diretto tirato con la mano anteriore. Col jab si dovrebbe controllare l'azione, prendere la distanza, mantenerla, prendere la mira per impostare le combinazioni e spesso utilizzarlo come primo colpo nelle combinazioni stesse. È la base del pugilato per qualsiasi pugile anche nel senso che deve essere il colpo fondamentale. Non esiste né pugile, né campione che non sappia tirare il jab. Poi saperlo tirare e diventare specialisti è questione non da poco. Ma oltre le esperienze personali, anche per le leggi della fisica il jab è il colpo che fa meno male. Serve ad altro il jab. Con questo non si vuole sostenere che questo colpo non faccia o non possa far male, ma si suppone per migliaia di ragioni quasi tutte ovvie, che si tratta del pugno meno micidiale e risolutore.

Ma sarà mai esistito un pugile capace di distruggere l'avversario a colpi di jab? Il jab di solito può deteriorare, corrodere lentamente l'avversario ma non abbatterlo. Eppure di pugili che avevano jab capaci di abbattere un muro ne sono esistiti parecchi. L'ultimo capace di distruggere il suo avversario a suon di jab è stato Gennady *GGG* Golovkin.

È il 17 ottobre 2015 quando *GGG* incontra quello che fino a quel momento è probabilmente l'avversario più tosto della sua carriera. David Lemieux, canadese pressoché sconosciuto ai più, ma che ha già dato parecchio spettacolo, ha perso due sole volte e in quelle occasioni è stato tremendamente sfortunato. A quel punto della sua carriera se solo David Lemieux non avesse avuto la sfortuna di essere nato nel Canada francofono e fosse invece nato negli Usa, probabilmente lo conoscerebbero tutti. Ha grandi doti il canadese: è serio, umile e picchia fortissimo. *GGG* è chiaramente favorito, ma tanti tra i più esperti dicono senza timore: «Occhio a Lemieux…». Insomma, *GGG* è chiamato a dare conferma delle sue doti.

Il jab di *GGG* non serve solo a tenere la distanza, non serve solo a mantenere il centro del ring come quello di Klitschko, non serve a pungere come le api di Muhammad Ali. Ecco un terzo tipo di jab. Un pistone micidiale che tiene quel piccolo Tyson indiavolato di Lemieux a debita distanza e poi, una volta che il canadese termina l'azione, ecco che *GGG* usa il suo pistone per farsi strada e avanzare con piccoli spostamenti sulle gambe. Spostamenti che servono a tagliare la strada all'avversario fino a intrappolarlo alle corde o all'angolo, e soprattutto a caricare quel maledetto pistone nel modo più efficace, preciso e distruttivo possibile. Ogni qual volta quel toro di Lemieux viene toccato dal jab di *GGG*, la testa schizza all'indietro come colpita da un diretto o da un montante d'incontro. Impressionante. Il jab di *GGG* martella costantemente la fronte e le tempie del campione canadese fino a intontirlo: arriva dritto al mento facendogli mancare la terra sotto i piedi e gli sbriciola il naso. David Lemieux è punito eccessivamente per quella che è la sua serietà, il suo talento, il suo rispetto e la sua umiltà. Il suo palpabile amore per la boxe. Ma la boxe ogni tanto è così. Crudele. Non è *GGG* a essere crudele, è la boxe. Il jab di *GGG* invece è qualcosa fuori dal comune. Un pistone capace di distruggere un uomo. Queste le parole di Golovkin dopo il match: «Mi sentivo bene a distanza, ogni jab è entrato. Ho preferito aspettare. Non era il caso di attaccare a tutto spiano, stile pazzo che lotta per strada, non questa volta. David è un ragazzo forte, è un buon guerriero».

Il suo allenatore Abel Sanchez a sua volta commenta: «Vedo il suo jab in palestra ogni giorno. Come l'ha usato oggi è stato il modo migliore in cui sia mai stato usato in un combattimento. A volte è stato addirittura più potente dei ganci, che tra l'altro spesso andavano fuori bersaglio».

Il jab si utilizza stendendo del tutto il braccio anteriore. Bisogna fare attenzione a ruotare il polso verso l'interno senza allargare il gomito. Questo interromperebbe il flusso della catena cinetica che come visto prima, si attua con una scossa sul retro dell'alluce del piede posteriore che percorrere tutto il corpo fino alle nocche. Per tirare il jab in maniera equilibrata si presuppone un leggerissimo spostamento di peso in avanti e verso destra che verrà raccolto dal piede anteriore, il quale darà a sua volta il definitivo impulso contrario per ritornare in guardia e quindi in posizione bilanciata, col peso distribuito in ugual misura su tutte e due le gambe.

Perché è importante imparare a tirare il jab (come tutti gli altri colpi del resto) in maniera bilanciata? Esistono infatti vari modi di tirare il jab: in maniera bilanciata appunto, oppure sbilanciandosi a destra nel tentativo di rimanere più coperti o per sorprendere un avversario troppo scoperto da quel lato, o sbilanciandosi a sinistra per cercare più allungo, o se abbiamo notato che il nostro avversario utilizza una guardia scoperta. La risposta è semplice: se imparo a tirare il jab in maniera bilanciata sarò in grado di tirarlo anche sbilanciandomi nei due sensi; viceversa se mi abituo a tirarlo sbilanciato in una direzione sola è molto difficile che possa riscoprirmi versatile e colpire anche negli altri due modi. Per questo motivo mi trovo ad avere opinione negativa di chi, soprattutto ultimamente, si ritrova a insegnare unicamente il jab tirato con lo scatto rotatorio in avanti della parte sinistra dell'anca. Questo movimento permette molta esplosività, rapidità, allungo e potenza nel colpo, ma presuppone un chiaro sbilanciamento a sinistra, oltre a generare grossi problemi nel doppiare il jab con un qualsiasi colpo tirato col destro. Rimango dell'idea che il jab vada insegnato in maniera bilanciata, in questo modo il pugile sarà perfettamente in grado di tirarlo nel modo più opportuno.

Il braccio destro rimarrà a protezione del corpo col gomito a coprire fegato e bocca dello stomaco, il guantone destro proteggerà la parte destra del viso e la spalla sinistra l'altra metà del volto. Il colpo dovrà essere mirato più o meno all'altezza dei nostri occhi, quindi leggermente verso l'alto. Questo perché da un lato si presuppone che proprio lì possa trovarsi la testa dell'avversario, dall'altro perché la catena cinetica presuppone un moto verticale proprio dal basso verso l'alto: piede, gamba, fianchi, tronco, spalla, braccio, avambraccio e nocca.

Un altro accorgimento molto utile è quello di impostare all'interno della nostra guardia il braccio anteriore col polso flesso all'interno. Questo da un lato ci da più protezione e dall'altro rende più naturale stendere il braccio e "girare il pugno", vale a dire ruotare il polso verso l'interno al momento di colpire.

a) Il jab al corpo

Lo stesso movimento che utilizzerò nel jab al volto, posso utilizzarlo per colpire il "bersaglio grosso", vale a dire il corpo. Con i diretti al corpo e quindi anche col jab, bisogna cercare il centro del corpo dell'avversario, presumibilmente la bocca dello stomaco o il plesso solare.

Tirare i colpi al corpo è fondamentale: «Distruggi il corpo e la testa lo seguirà», diceva Bundini, l'eccentrico motivatore all'angolo di Muhammad Ali prima di cadere nel tunnel dell'alcool e dell'eroina. Analogamente si esprimeva *Smoking* Joe Frazier: «Uccidi il corpo e la testa morirà».

Va da sé constatare che quando colpiamo al corpo lo spostamento in avanti è maggiore, perché il corpo dell'avversario sarà leggermente più lontano rispetto al volto e soprattutto colpiremo abbassandoci. Ricevere un colpo d'incontro abbassandosi è micidiale, quindi è importantissimo rimanere chiusi il più possibile e piegare le gambe, non il tronco, per poter essere immediatamente reattivi per arretrare e risalire. Per forza di cose i colpi al corpo, i diretti in particolare, richiederanno uno sforzo maggiore. Ovviamente imparare a tirare il jab al corpo in maniera bilanciata permette di essere in grado di tirarlo anche sbilanciandomi a seconda di ogni evenienza.

b) Spostamenti col jab

Gli spostamenti – a differenza dei piegamenti e le rotazioni che presuppongono uno sbilanciamento – consistono in piccoli passi (generalmente basta un solo piccolo passo) e possono essere attuati a grandi linee in avanti, indietro e su entrambi i lati, a volte addirittura a incrocio e non producono sbilanciamento. Il colpo può essere portato dopo lo spostamento o contemporaneamente. Se porto il colpo successivamente allo spostamento, attuerò una sorta di "leva" sulle punte dei piedi e quindi cercherò più potenza, se invece porto il colpo contemporaneamente allo spostamento mi affiderò di più alla velocità cercando di cogliere l'avversario di sorpresa. Quando parliamo di passi intendiamo in realtà dei "semi passi", vale a dire lo spostamento di uno solo dei piedi. Lo spostamento in avanti presuppone una scossa (o pressione) sul piede posteriore volta a far avanzare il piede anteriore, quello all'indietro viceversa prevede la scossa sul piede anteriore per far arretrare quello posteriore. Spingerò quindi sul piede sinistro per spostarmi a destra col piede destro, e viceversa, sul destro per spostarmi a sinistra col piede sinistro.

Spostamento in avanti

Lo spostamento in avanti col jab prevede un avanzamento cui può seguire un raddoppio, una combinazione, o semplicemente il ritorno in guardia. In tutti i casi è raccomandata una pressione successiva sul piede anteriore per riportarsi a distanza e quindi uscire dall'eventuale risposta o azione di rimessa del nostro avversario, e questo sarà valido per ogni tipo di spostamento e ogni tipo di colpo. Se prima si è constatato che gli spostamenti possono essere attuati prima del colpo o in contemporanea, va detto che in un'azione di avanzamento può risultare assolutamente deleterio effettuare lo spostamento senza tirare il colpo. La cosa ci metterebbe in serio pericolo. Il jab in avanzamento andrebbe quindi calcolato in contemporanea allo spostamento e può essere effettuato in maniera bilanciata o sbilanciata sui lati a seconda dell'azione che si è deciso di portare, dell'atteggiamento dell'avversario o della guardia che quest'ultimo adotta. Se decidessi di piazzare soltanto il jab, l'azione potrebbe servirmi allo scopo di controllare l'avversario o di cercare di guadagnare qualche centimetro. Diverso è se decido di compiere una pura azione d'attacco, in questo caso raddoppierò il jab con un altro colpo o con una combinazione. Lo spostamento in avanti in generale, potrebbe essere utilizzato anche per portare finte. Fare le finte è un'ottima soluzione per cercare di prendere il tempo all'avversario. In questo caso la tattica da adottare è proprio il movimento di spostamento in avanti col jab, evitando però di mettere il colpo. Portare il braccio anteriore in avanti anche senza caricare il colpo mi permetterà di non rischiare di essere colpito d'incontro e allo stesso tempo servirà a caricare il colpo successivo che potrebbe consistere tanto in un altro jab quanto in un colpo portato col destro.

Spostamento all'indietro

Lo spostamento all'indietro a differenza di quello in avanti, presuppone non solo una nostra scelta tattica ma dipende anche dall'iniziativa avversaria: può essere effettuato in tutti i due i modi, sia in contemporanea, sia anticipando il colpo. Questa scelta però implica due tattiche ben diverse. Se mi sposto all'indietro in contemporanea, allora sto cercando di mantenere la distanza sull'avanzamento dell'avversario. È come se volessi bloccare il suo avanzamento piazzandogli la mano sinistra sul volto (meglio che sul corpo) comunicandogli: «Stai fermo lì!», oppure potrei utilizzare il mio guantone sinistro per mirare e prendere bene le misure per colpire successivamente e d'incontro col destro.

Se invece decido di arretrare prima di mettere il jab, le mie intenzioni sono diverse. Arretrando in guardia infatti ruoto leggermente la spalla destra in avanti, questo perché da un lato sto andando a intercettare l'eventuale jab avversario col mio guantone destro – che sarà bene a protezione del volto (infatti il jab si para proprio con la mano destra) – e dall'altro carico il mio stesso jab d'incontro. Questo colpo è notevolmente più efficace perché alla potenza naturale del mio jab viene aggiunta quella leggera carica che ha generato la rotazione della spalla destra, più il moto di avanzamento del mio avversario. In poche parole il jab potrebbe avere efficacia tripla. Concludendo lo spostamento in contemporanea consiste principalmente in un azione di controllo e mantenimento della distanza; lo spostamento anticipato invece serve a costruire quelle tipiche azioni di attacco che si attuano "boxando all'indietro" e consistono nell'invitare l'avversario in un "tranello". Posso decidere se portare il colpo in maniera bilanciata o meno, a seconda della lettura del match.

Spostamento a sinistra

Come lo spostamento all'indietro, quelli laterali sono movimenti che possono dipendere sia da una nostra scelta tattica, sia da una reazione a un'iniziativa avversaria. Per esempio se dovessi uscire lateralmente da un colpo. Anche in questo caso se mi sposto a sinistra posso decidere di muovermi in anticipo o in contemporanea. Serve principalmente per uscire dai diretti destri o dai montanti destri avversari, e posso decidere se attendere l'eventuale colpo o anticipare questa azione. Se mi sposto prima di tirare il colpo sto cercando un'angolazione laterale per affondare e quindi punterò di più a caricare il jab sfruttando la leva che entrambi i piedi sono in grado di mettere a mia disposizione. Differentemente se porto il jab in contemporanea cerco di anticipare l'azione puntando di più sulla velocità, magari per tenere alto il ritmo dell'azione o del match. Gli spostamenti anticipati – soprattutto quelli laterali – sono più frequenti nel pugilato professionistico, dove da un lato si cerca di portare il danno maggiore e dall'altro la durata del match impone un ritmo più blando. Ben diversa è la situazione nel pugilato dilettantistico, dove invece bisogna cercare di mantenere il ritmo molto alto e fare più cose possibili in minor tempo. Anche in questo caso posso decidere se compiere la mia azione in senso bilanciato oppure no. Aggiungo che fintare il jab spostandomi a sinistra, mi impone da un lato di stare ben coperto e attento alla parte sinistra del mio corpo perché sto andando incontro al destro avversario, ma dall'altro apre la strada a un raddoppio col destro decisamente efficace, in quanto il colpo sarà caricato sia dallo spostamento stesso, sia dalla rotazione in avanti della spalla sinistra che il movimento impone.

Spostamento a destra

Lo spostamento a destra presuppone una tattica volta al tentativo di trovare angolazioni ideali per risolvere l'azione, oppure per uscire dal sinistro dell'avversario. Se l'avversario adotta la mia stessa guardia è un ottima soluzione per non farsi male, dal momento che potrebbe in quel caso incrociarmi solo con il gancio sinistro. È per questo che tanti maestri insegnano a boxare ai pugili in guardia regolare girando alla propria destra. Per un guardia regolare, girare alla propria destra conferisce non solo i vantaggi di cui sopra ma è importante anche perché insegna un movimento piuttosto innaturale e difficile da imparare, che migliora le qualità di combattimento. Sarebbe però opportuno, come già accennato prima riguardo all'insegnamento dei colpi in maniera bilanciata, insegnare all'allievo a muoversi bene in tutte le direzioni, altrimenti il pugile si abitua troppo a muoversi in quel modo e diventa tatticamente prevedibile. Oltre a questo, la scelta si dimostra deleteria nel caso in cui il pugile si trova di fronte un avversario molto più esperto di lui e quindi capacissimo di leggere le sue intenzioni, così come diventa estremamente pericolosa se il pugile in questione dovesse trovarsi davanti qualcuno in guardia diversa, in questo caso mancina. Si espone al contrario e in maniera troppo aperta ai colpi di potenza dell'avversario. Detto questo lo spostamento a destra – sia esso calcolato in anticipo o in contemporanea al jab – presuppone un'uscita importante dall'asse di combattimento, aspetto che impone per arrivare a bersaglio, di mirare il colpo in mezzo ai guanti dell'avversario.

Se decido infine di fintare il jab, mi trovo in ottime condizioni per cominciare l'azione col destro carico in discreta sicurezza.

8. Il diretto

Per diretto s'intende il colpo dritto tirato con la mano posteriore. Si discute spesso su quale sia il colpo più micidiale nel pugilato: un'analisi seria deve fondarsi soprattutto sulla base dello studio della catena cinetica e sulle esperienze

personali, in un campo che spazia dalla fisica all'empirismo. Sono in tanti a sostenere che i colpi curvi – ganci e montanti – possono considerarsi più potenti e risolutivi, ma i più sostengono che il colpo "fatale" per eccellenza sia proprio il diretto destro. Lo sostengono in tanti e lo sostiene appunto lo studio della catena cinetica. La mia

personale opinione può essere così riassunta: i colpi curvi sono molto pericolosi perché per natura raggiungono obiettivi sensibili molto più facilmente, ma a livello cinetico sono per forza di cose meno potenti. Per punti sensibili s'intendono il fegato (facilmente raggiungibile con i montanti e i ganci al corpo); la bocca dello stomaco contro cui i montanti sono un'arma micidiale (ben più del diretto appunto); la punta del mento e le tempie (anch'esse più esposte a ganci e montanti che non al diretto, che dovrebbe concludere la propria traiettoria sulla guardia dell'avversario). Va da sé concludere che colpire la punta del mento col gancio o col montante sarà più efficace in quanto il colpo dal basso o dal lato è più indicato per "spostare" o comprimere la mascella. Mentre le tempie stanno proprio sui lati, quindi sono ottimi bersagli per i ganci. Ma occorre ricordare anche che nonostante il diretto sia probabilmente il colpo più difficile da mettere a segno – per via della traiettoria e dell'attenzione da parte dell'avversario a ripararsi proprio da quel colpo – il pugile riesce a caricare in quella circostanza il massimo della potenza. Proprio per questioni legate alla catena cinetica.

In questo senso per comprendere l'efficacia di questo colpo è interessante fare riferimento a quella scuola che ritiene la tattica sui colpi dritti l'architrave fondamentale del proprio pugilato. Questa scuola come sostiene il grande Felix Savon, è quella cubana.

Osservare i grandi campioni cubani e la loro boxe è un piacere immenso e totale. In loro si realizza l'apoteosi dell'estetica e la realtà fatta di paradossi in maniera unica e speciale. L'eleganza e l'armonia raggiungono a Cuba il loro principale obiettivo: la più spietata efficacia. Il micidiale diretto destro di Teofilo Stevenson pizzicava e "freddava" gli avversari partendo di nascosto. Come un serpente si liberava fulmineo, inaspettato, in traiettoria perfetta e precorreva quell'autostrada dritta come una retta quasi invisibile per stamparsi preciso proprio lì, sulla punta del mento del malcapitato avversario, proprio in quell'istante esatto di distrazione. Un destro spesso di rimessa, d'incontro a tempo perfetto, un colpo micidiale che arrivava all'interno o all'esterno della guardia, come se Teofilo prevedesse le intenzioni avversarie con largo anticipo. Già. Perfetto. L'espressione più sublime dei valori dell'Escuela cubana de boxeo: «Dimostrare la tecnica, la tattica e la preparazione atletica». Teofilo Stevenson equilibrista perfetto del ring, leggiadro come Muhammad Ali, un corpo da gigante e la velocità di una libellula. A lui non interessava come alla quasi totalità dei pugili cubani distruggere il suo avversario, punirlo e infierire sulla sua inferiorità. A Teofilo basta mettere in bella mostra il suo essere preciso, calcolatore, "il più bravo", colui che si è comportato da cittadino cubano modello e per questo motivo è diventato campione.

Così come il grande Felix Savon. Lotta e studia il match Felix, e si fa strada con i suoi colpi di sinistro, consecutivi, variegati, come spesso si impara nelle accademie dell'est del paese. Jab, jab, montante, gancio, il tutto con la mano sinistra e poi… Boom! Eccolo il devastante diretto destro e guai a infierire dopo il colpo, starebbe a significare che non è arrivato perfettamente a segno. Non sia mai!

E come Guillermo Rigondeaux dà spettacolo con ogni colpo: «Chi se ne frega se Amagasa è tanto più alto di me, io sono un tappo e ho sempre combattuto con pugili più alti!».

E poveracci quei pugili più alti, soprattutto quelli che hanno la sfortuna di essere stati impostati in guardia regolare! Che dolori quando si trovano di fronte il mancino tappo cubano, o meglio *El Chacal*. Eh sì, poveraccio Amagasa, con quel fisico da cicogna che tanta strada gli aveva fatto percorrere tra i pesi piuma della scena estremo orientale. Rigondeaux non vuole certo fargli troppo male al simpatico giapponese e quindi si limita a percuoterlo ripetutamente col diretto al corpo. Finta sopra col destro e… Paf! Giù col diretto mancino al corpo. Poi però all'ottava ripresa Amagasa inventa il pugno della domenica e *Rigo* va al tappeto. Eh no, questo non doveva succedere, pensa *Rigo* cambiando espressione una volta rialzatosi fissando l'arbitro che conta fino a otto, mentre Amagasa continua a saltellare di incontenibile gioia intorno a tutto il ring.

«*Sube las manos cojone*!», gridano i secondi cubani dall'angolo e l'hanno fatto per tutto il match, visto che *Rigo* stava a guardia bassa, dal momento che Amagasa pareva innocuo. «Tira su la guardia coglione!», continuano a ripetergli anche all'angolo, terminata la ripresa e scampato il pericolo. A quel punto *Rigo* si mette a fare il serio e in tre riprese sfodera tutto il repertorio classico, azioni indiavolate, impercettibili, spettacolari e quel diretto mancino a concludere più volte al volto, a mettere a dura prova la proverbiale terapia del dolore con cui probabilmente la cicogna giapponese si era preparata al match. Ma non basta. Diretto su diretto l'incontro finisce meno di tre riprese dopo. Per farsi un'idea di come quell'uomo di cinquantaquattro chili lavora con il diretto, consiglio di andare a vedere le condizioni del volto di Amagasa a fine match.

Il diretto (destro per le ragioni di cui sopra) è la massima espressione della catena cinetica. Non basta la scossa sul piede posteriore per caricarlo, bisogna fare in modo che la mano posteriore raggiunga la stessa distanza che percorro col jab. Questo implica che la parte destra dell'anca ruoti in avanti fino ad arrivare parallela alla parte sinistra. Per permettere questo movimento, l'impulso sul piede posteriore necessita di una rotazione col tallone verso l'esterno. Più il piede posteriore è orientato con la punta in avanti, più veloce è la rotazione e meno potente il colpo. Più il piede posteriore è invece impostato con la punta rivolta verso l'esterno, tanto più è lunga la rotazione, tanto più è potente il colpo, quanto in conclusione meno veloce. Va detto che nell'esecuzione del diretto bisognerebbe cercare un compromesso tra potenza e velocità perché è un colpo che rispetto al jab richiede un tempo di esecuzione più lungo e quindi più percepibile dall'avversario. Per questo lavorare bene col diretto richiede grande maestria. Quando in seguito alla rotazione del piede il tronco si ritrova perpendicolare all'asse di combattimento, allora lo sono anche le spalle e si suppone quindi che il diretto possa raggiungere la stessa distanza raggiunta dal jab. Tanti maestri impongono un'esecuzione del diretto molto lunga. Insegnano a ruotare il piede il più possibile di modo che la parte destra dell'anca e quindi la spalla destra, venga a trovarsi in posizione addirittura avanzata rispetto alla parte sinistra del corpo. Questo ci permettere di portare il nostro diretto in maniera ancora più potente e incisiva, ancora più lontano a "sfondare" il muro della distanza calcolato col jab. Va detto che in questo modo ci si sbilancia molto in avanti e si fa grande fatica a recuperare la posizione di guardia. In poche parole è efficace per una filosofia da boxe aggressiva, ma molto pericoloso per quel che concerne la difesa. Per quanto mi riguarda è una tattica da tener presente quando si rischia poco (cosa molto poco probabile nella boxe) o quando si cerca una soluzione "sbrigativa".

Ovviamente una volta messo a segno il colpo, seguirà il consueto impulso sul piede anteriore volto a recuperare il bilanciamento del corpo e della guardia.

a) Il diretto al corpo

Come per il jab, il diretto al corpo espone ai rischi dovuti all'abbassamento e all'eventuale incrocio con colpi d'incontro come i montanti. Si tratta quindi di un colpo da usare con prudenza anche se nella boxe, se non si prendono rischi non si va lontano. Il diretto al corpo è un colpo bellissimo che punta alla bocca dello stomaco. Magari come detto, sarà meno efficace del montante, che va a "scavare" nel tronco dell'avversario con un movimento dal basso verso l'alto, ma allo stesso tempo richiede di scoprirci meno. Sarà più rapido e quindi meno rischioso per noi. Perfetto da usare quando ci si trova di fronte un avversario in guardia diversa, oppure in seguito a uno spostamento sul lato verso l'esterno, come vedremo più avanti.

b) Spostamenti col diretto

Lavorare con gli spostamenti sul diretto è una tattica fondamentale quando stiamo cercando di prendere il tempo all'avversario. Dobbiamo pensare che nella boxe gran parte delle iniziative prevedono di cominciare col jab: in questo senso partire col diretto "rompe" il tempo dell'azione e ci permette di cogliere l'avversario di sorpresa. Se lo spostamento è contemporaneo al colpo cerco principalmente di sorprendere l'avversario interrompendo la sua azione. Se invece il movimento precede il colpo, sto fintando un jab o effettuando un'azione di difesa basata su una schivata verso destra. Questo crea confusione nella tattica avversaria e mi mette nell'ottica di giocare d'incontro, conferendo quindi aggressività al mio colpo.

Spostamento in avanti

È fortemente sconsigliato, oltre che profondamente innaturale, eseguire uno spostamento in avanti in contemporanea al diretto. Molto efficace è invece eseguire lo spostamento in anticipo rispetto al colpo. Compiere il semi passo in avanti, infatti, racchiude in sé una finta. Bisogna avere grande padronanza del proprio pugilato per eseguire questa semplice azione, perché se è fortemente sconsigliato muoversi in avanti senza tirare il jab, ci rendiamo ora conto che quest'azione coincide proprio con quel tipo di movimento. È come se decidessimo di tirare il jab ma non allungassimo il braccio. Per fare ciò occorre capire bene quando eseguire l'azione e allo stesso tempo decidere di eseguirla al sicuro, magari con la mano sinistra a coprire il volto per evitare di essere sorpresi da un colpo d'incontro. Tuttavia "fintare" il jab in avanzamento prevede una leggera rotazione in avanti della spalla sinistra, elemento fondamentale per conferire grande carica al nostro diretto, oltre che farci "entrare" nella guardia (come si dice in gergo) dell'avversario.

Spostamento all'indietro

Se mi sposto all'indietro posso decidere di colpire contemporaneamente o successivamente al semi passo. Nel primo caso si suppone di interrompere l'avanzamento dell'avversario e quindi bloccare la sua azione. A quel punto chiudere col sinistro sarà un movimento estremamente rapido e naturale e mi permettere di recuperare guardia e distanza in discreta sicurezza. Per effettuare questo spostamento in maniera sicura ed efficace è consigliabile orientare la traiettoria del colpo verso l'interno della guardia avversaria e quindi sbilanciarsi leggermente verso sinistra.

Decidere invece di effettuare il semi passo prima del colpo è la tattica che sta alla base del concetto di colpo d'incontro. Esco dall'azione avversaria arretrando col piede destro che quindi raccoglie il peso del corpo e conferisce al mio destro carica massima. E poi colpisco. Facile a dirsi, meno a farsi. È questa la base del pugilato basato sul «dentro e fuori».

Spostamento a destra

La tattica sullo spostamento a destra è molto simile a quella che riguarda lo spostamento all'indietro, ma l'azione è più rapida. Se mi sposto in contemporanea compio un movimento molto innaturale – è quindi poco comune vederlo eseguito bene – e per questo molto efficace, perché il nostro avversario non se lo aspetterà. È molto utilizzato dai bravi dilettanti e nella boxe di rimessa, ed è consigliabile lasciarlo perdere se il nostro avversario è un mancino. Se l'avversario adotta la mia stessa guardia questo spostamento mi permette di uscire dalla sua azione, se invece sarà in guardia diversa mi espone al suo colpo di potenza.

Il movimento prevede un incrocio di rotazioni: verso l'esterno con le gambe, verso l'interno come traiettoria.

Se invece decido di muovermi in anticipo, avrò fatto la scelta giusta nello schivare il sinistro dell'avversario che mi permette di mettere a segno il colpo d'incontro mirando alla mascella o alla tempia sinistra.

Spostamento a sinistra

Se mi sposto a sinistra e decido di mettere a segno il colpo in contemporanea sto cercando di incrociare l'azione avversaria. È una scelta abbastanza sicura perché prevede un movimento molto coperto. È tuttavia consigliabile eseguire questo tipo di azione sull'iniziativa avversaria, di modo che l'avvicinamento dell'altro possa aumentare l'efficacia del mio colpo. Questo presuppone una buona scelta di tempo. Se invece lo spostamento precede il colpo, allora sto scegliendo una posizione più frontale. Attenzione! Questo movimento ci avvicina al bersaglio e può sfruttare la leva prodotta dalla posizione di entrambi i piedi ben saldi al terreno dandoci grande potenza, ma allo stesso tempo si tratta di un'azione lunga che ci espone all'iniziativa avversaria sia per i tempi di attuazione, sia per la posizione frontale che offrirà, per forza di cose, più bersaglio. Molto più frequente nel pugilato professionistico che in quello dilettantistico.

9. Il montante sinistro

Per montante s'intende il colpo curvo portato dal basso verso l'alto a cercare il mento o la base del naso se portato al volto, il fegato o la bocca dello stomaco se portato al corpo. Il montante sinistro è quello portato con la mano anteriore, per i mancini invece sarà il contrario. Questo colpo può essere portato in maniera "naturale", oppure prevedendo una leggera rotazione all'indietro della spalla sinistra se si cerca di caricarlo, di portarlo in sequenza a un altro colpo, o in seguito a una schivata.

Potrebbe sembrare un'eresia voler parlare del montante sinistro, o di qualsiasi colpo curvo e tirare in ballo Wladimir Klitschko. Però c'è un episodio di qualche anno fa che risulta tremendamente interessante, perché oltre a distogliere l'attenzione dal consueto «jab-jab-diretto» con cui il campione ucraino ha dominato per dieci anni la categoria dei pesi massimi, fa capire quanto la versatilità sia aspetto fondamentale nella boxe. L'incontro non è il classico match dalle grandi aspettative, Francesco Pianeta sembra porsi al cospetto di Klitschko come l'ennesima vittima sacrificale e le attese non vengono deluse. L'ucraino controlla come di consueto, jab, jab e qualche volta al momento giusto, la sua bomba di destro. Ma succede che si arriva al sesto round. E Pianeta ha messo in scena la sua tattica. Semplicemente da qualche round, l'italo-tedesco non boxa più. Vuole conquistare la sua personale apoteosi dell'estetica, vuole finire in piedi il suo match come quasi nessuno negli ultimi tempi era riuscito a fare contro il colosso dell'est. E allora si chiude a riccio e sta attento. Non gliene frega nulla di giocarsi le poche carte a disposizione, vuole semplicemente resistere. Stare in piedi fino alla fine. E allora Klitschko deve inventarsi qualcosa. Quel "moscerino" di cento chili di Pianeta ha comunicato in maniera chiara le sue intenzioni. E allora con i consueti movimenti lenti e felpati che in tanti si divertono a definire noiosi, il gigante ucraino continua a pizzicare a tempo col jab, e ogni tanto s'inventa qualche gancio sinistro di prima in avanzamento. Ogni tanto prova a mettere qualche destro, ma non in maniera decisa. Klitschko ha capito tutto. Col suo consueto modo di combattere potrebbe dover "lavorare" fino alla dodicesima ripresa, fino alla fine. Ma il pubblico e il mondo intero da sempre pretenziosi e critici verso di lui, vogliono vedere ben altro. «Se almeno devi vincere sempre tu e annoiarci con la tua soporifera boxe, almeno facci vedere dei *knock out*!» sembra gridare a gran voce il crudele mondo intero. E allora la tattica del campione è chiara. Deve farlo scoprire. Deve fintare, invitarlo, deve far cadere Pianeta in un qualche trabocchetto, non importa quale. E una volta caduto nel trabocchetto approfittarne. Immediatamente in quella frazione di secondo colpire nel punto giusto, sennò poi va a finire che quello si chiude di nuovo. Ed ecco la tattica dare i suoi frutti. Un millesimo di secondo, Pianeta solleva il guanto e il gomito destro perché prevede un gancio sinistro, ma Klitschko invece ha pensato ad altro. Pam! Il montante sinistro al corpo è servito. L'elefantiaco gigante dell'est sfodera un'esecuzione perfetta e plastica del colpo, ma soprattutto lo fa a tempo perfetto e alla velocità della luce. «Cazzo, ma da dove avrà tirato fuori quel colpo! Allora li sa tirare i montanti!», avranno pensato le scettiche vipere professioniste del "so tutto io". «Ma no è impossibile, sarà stato semplicemente fortunato», avranno probabilmente continuato. Pianeta si richiude, il colpo l'ha ricevuto eccome, alla grande, tanto alla grande quanto è riuscito a incassarlo però. Non importa. Un campione è anche questo. Un campione legge l'avversario, indovina la tattica e la mette in pratica. Perché per un vero campione non deve esistere tattica oscura, sconosciuta e misteriosa. Passa ancora qualche decina di secondi e Klitschko punzecchia e invita, malefico gigante! Sta per arrivare un altro gancio sinistro in avanzamento e allora Pianeta si piega per passarci sotto e invece… è un montante sinistro. Di nuovo. Maledetto montante sinistro, quel demone ucraino ha capito tutto e questo montante rispetto all'altro è ancor più da manuale. Un mattone, un sasso che dal basso si stampa d'incontro velocissimo e micidiale, leggermente caricato, proprio là sotto dove Pianeta si è abbassato. Una pietra in faccia che passa esattamente in mezzo alla guardia e si spiaccica tra la bocca e la base del naso. Pianeta incassa un'altra volta e resiste ma non c'è più con la testa. Mancano pochi secondi ma il moscerino fatica a riordinare le rotelle da far girare nel cervello di modo che diano impulso alle braccia di alzarsi e posizionarsi nel posto giusto. È disunito Pianeta. Il resto è il solito Klitschko. Ha pochi istanti per agire, ma se la ripresa finisce poi succede che l'italo-tedesco all'angolo riordina le idee. Un-due-tre in avanzamento, caricato, preciso, micidiale, da accademia. E il match è finito. L'apoteosi dell'estetica si concretizza per Pianeta nell'aver incontrato il più forte. Nient'altro. Il campione continuerà ad "annoiare", il pubblico continuerà a criticarlo.

I montanti come i diretti sono colpi interni, vale a dire che devono essere indirizzati verso l'interno della guardia avversaria. La tecnica che si usa quindi non è troppo diversa da quella che si utilizza per portare i diretti, se non fosse che trattandosi di un colpo curvo e quindi più lento, ci espone per più tempo all'eventuale intenzione avversaria. Saranno quindi colpi più rischiosi da portare e vanno quindi ponderati e allenati sulla velocità di esecuzione. Consueto impulso sul piede posteriore a spostare il peso su quello anteriore e ritorno. Con l'unica differenza che caricare il colpo dal basso all'alto richiede una scossa ulteriore, appunto verso l'alto. Nel montante sinistro questo impulso deve partire dal piede sinistro.

a) Il montante sinistro al corpo

Se il montante sinistro al volto è usato relativamente meno rispetto a quello destro, e spesso si inserisce all'interno di combinazioni, o "di prima" se però sto decidendo di portare in seguito un altro colpo, ben diversa è la situazione se decido di caricarlo al corpo. Il montante sinistro al corpo è uno dei colpi più spettacolari della boxe e se portato a regola d'arte potrebbe essere decisivo, perché va a cercare direttamente il fegato. Subire un colpo al fegato è terribile. Il fiato sparisce dal nostro corpo come se non fosse mai esistito, il dolore diventa lancinante, le gambe si piegano e si riesce a stare solo per terra, al tappeto, quasi rannicchiati in posizione fetale, a soffrire maledettamente per lunghi, lunghissimi secondi. Poi come se nulla fosse, passa tutto. Ma state tranquilli, se prendete un colpo al fegato tirato come si deve, una volta passato il dolore, l'arbitro avrà già finito di contare da un pezzo.

È un colpo elegante e difficilissimo: se il nostro avversario ha la nostra stessa guardia occorre stare attenti a non "inciampare" su qualche destro d'incontro, è quindi un movimento decisamente coraggioso. Se invece ci dovessimo trovare di fronte un mancino, allora dovremmo ricalcolare bene le distanze di esecuzione studiate in allenamento, perché il fegato sarà molto più vicino a noi e rischieremmo di andare "lunghi" o di non avere abbastanza spazio per caricare bene il colpo, senza considerare che i mancini il fegato lo proteggono bene perché sarà molto esposto al nostro diretto destro.

Insomma per tirare il montante al fegato servono stoffa, coraggio e una sopraffina padronanza tecnico-tattica. Il colpo prevede un grosso sbilanciamento sul lato sinistro e un importante trasferimento di peso sulla gamba anteriore. Questo tipo di azione si porta in maggiore sicurezza se al momento di spostarmi cerco di ripararmi bene con la mano destra, in questo modo dovrò avanzare bene con la spalla e col guantone destro, tenendo il gomito ben appiccicato al mio fegato. È consigliabile portarlo schivando o passando sotto a un destro dell'avversario, quindi devo stare attento alla tattica e alla boxe che mi viene esibita di fronte, in modo da cercare di prevedere quando il mio avversario deciderà di portare il suo destro.

b) Spostamenti col montante sinistro

Come succede con tutti gli altri colpi posso decidere di eseguire il mio montante sinistro in contemporanea o successivamente allo spostamento che la tattica adottata scelta richiede. Vediamo in che modo.

Spostamento in avanti

Se decido di avanzare e tirare contemporaneamente un montante sinistro, sto cercando di sorprendere il mio avversario. Difficilmente si tratterà di un colpo isolato, di solito si decide di continuare almeno con un colpo: i più indicati sono il diretto destro, il gancio destro o il gancio sinistro. È una tattica che mi espone all'avversario, dovrò quindi stare attento a coprirmi bene e cercare di prendere questa decisione sfruttando un momento di tregua.

Se invece anticipo il semi passo, allora sto cercando di entrare nella guardia dell'avversario. Questo movimento come di consueto richiede una piccola e fulminea rotazione – quindi un avanzamento – della spalla destra che darà più carica al mio colpo, e potrebbe anche considerarsi una buona idea portare il mio montante sinistro come colpo isolato, proprio come fece Klitschko con Pianeta. È una scelta che presuppone il fattore sorpresa e il fatto di trovarmi all'interno della guardia avversaria mi lascia in una situazione di discreta sicurezza.

Quando decido di caricare invece il montante sinistro al corpo, come appena visto, è necessario anticipare sempre il movimento rispetto al colpo. Va aggiunto che se cerco di portare il montante al corpo avanzando devo orientare il colpo a incrociare verso destra e quindi mirare, oltre che al fegato, alla bocca dello stomaco.

Spostamento all'indietro

Quando si arretra si può portare il montante sinistro in contemporanea allo spostamento attraverso una tattica incrociata decisamente pericolosa, poco efficace e molto difficile, quindi da evitare. Ma allo stesso tempo posso decidere di bloccare l'azione di avanzamento dell'avversario muovendomi contemporaneamente al colpo: ma si tratta di una scelta anche in questo caso piuttosto rischiosa.

Anticipando il movimento invece, ci troveremo sempre il colpo ben carico e il peso ben saldo sulla gamba anteriore. Il montante che segue sarà quindi d'incontro e micidiale sia se portato al volto sia al corpo, così come se decido di far seguire al colpo un raddoppio o una combinazione.

Spostamento a sinistra

Lo spostamento a sinistra in contemporanea al montante sinistro non prevede il consueto semi passo, bensì una rotazione a perno sul piede anteriore. Si tratta di un altro colpo dalla notevole eleganza ed efficacia ma dalla grande pericolosità. Mi espone infatti ai destri d'incontro dell'avversario praticamente senza guardia, ed è quindi consigliabile solo nel caso improbabile in cui dovessi sentirmi sicuro di uscire dal diretto destro dell'avversario. Dovrei inoltre eseguire l'azione in contemporanea a questo colpo. Va però sottolineato che la regola «la fortuna aiuta gli audaci», nella boxe non sempre corrisponde a verità ed è meglio contarci con dovuta moderazione. Può essere invece un'azione interessante se dovessi trovarmi di fronte un avversario in guardia mancina e decidessi di bloccare il suo avanzamento incrociando il suo jab.

Lo spostamento anticipato col semi passo a sinistra mi metterà invece, come visto qualche riga più in alto, nella condizione ideale per il colpo al fegato qualora decidessi di concludere al corpo. Non è invece un movimento troppo indicato per mirare al volto perché espone troppo.

Spostamento a destra

Se eseguito in contemporanea può essere un'interessante soluzione per incrociare d'incontro il mio avversario nel momento in cui sta cercando di colpirmi col jab, e sarebbe più efficace se portato al volto. Non avrebbe senso usarlo contro un mancino e sarebbe una soluzione stupida e pericolosa.

Se invece dovessi anticipare lo spostamento le cose si fanno interessanti. Lo spostamento a destra prevede infatti una forte rotazione verso sinistra della parte destra del mio corpo e questo movimento conferisce al mio montante, o meglio a uno qualsiasi dei miei colpi curvi portati col sinistro, una carica impressionante. È infatti adatto sia alla tattica d'incontro, sia per lavorare l'avversario all'angolo e quindi accelerare i tempi. Come vedremo più avanti, quando si parlerà di tattica d'attacco e senso del ring, è fondamentale "tagliare la strada" all'avversario. Se l'avversario è alle corde o all'angolo e dovessi spostare a destra la mia gamba gli taglierei la strada da quel lato, e a lui non rimarrebbe altro da fare che rimanere lì, oppure cercare di uscire nell'altra direzione. In entrambi i casi il mio colpo avrebbe l'effetto di una morsa. Se l'avversario decidesse di stare fermo allora dovrà ripararsi bene, altrimenti se decidesse di uscire, si ritroverebbe a subire d'incontro non solo il colpo, ma tutta la rotazione completa delle mie spalle e del mio corpo. Per quanto riguarda il montante sinistro calcolato con questo tipo di spostamento il risultato maggiore lo otterrò lavorando al corpo.

10. Il montante destro

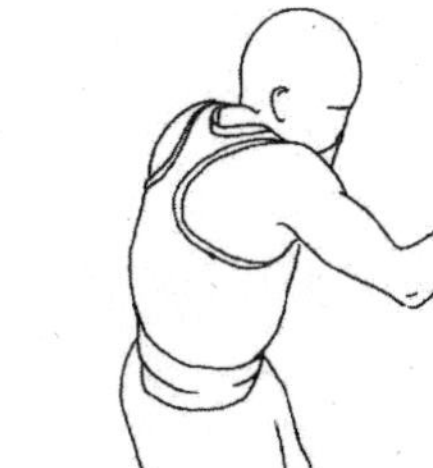

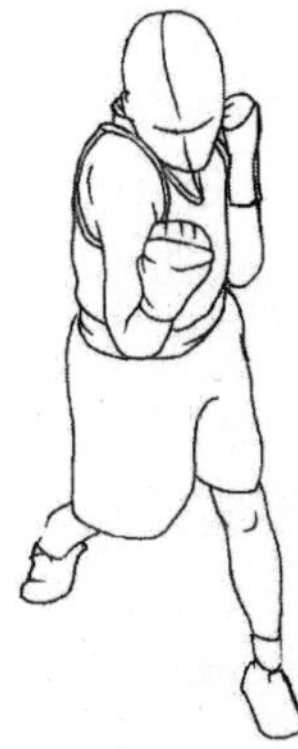

A L'Avana Vieja c'è una piccola ma gloriosa palestra di pugilato di quartiere la Rafael Trejo. Si dice sia la più antica palestra della città. Lì insegna tra gli altri uno che è solito giocarsi tra le chiacchiere a fiume dei signori e le signore del quartiere, l'appellativo di terza gloria della storia del pugilato cubano in ballottaggio col più blasonato Guillermo Rigondeaux. Ai primi due posti gli intoccabili Felix Savon sette mondiali e tre ori olimpici, e il compianto Teofilo Stevenson tre mondiali e tre ori olimpici. Lui invece è Hector Vinent, uno che di mondiali ne ha vinti tre e di ori olimpici due. Tra i ragazzini che allena, piccoli "campioncini" di un'età compresa tra i sette e i dodici anni, è famoso por *los ganchos que tenia*, «i montanti che tirava», ed è rimasto per lo stesso motivo un idolo per tutto il popolo cubano rivoluzionario. Quando si parla dei montanti di Hector Vinent s'intendono principalmente i montanti mancini tirati al corpo di cui era specialista. Tremendamente simile nell'esecuzione del colpo allo stesso Guillermo Rigondeaux, questi due campioni hanno una storia molto simile che va oltre la leggera differenza anagrafica. Entrambi santiagueri, entrambi mancini, 54 kg uno, 63 kg quell'altro, hanno studiato e perfezionato il pugilato nella stessa accademia e con gli stessi maestri. Se il montante destro (ovviamente nel caso dei due mancini sopra citati sarà il sinistro) è un'altra specialità della boxe cubana in generale, succede che a Santiago il montante destro sia un colpo curato come strategia prediletta, come fosse un marchio di fabbrica, in particolar modo contro un pugile in guardia diversa. Il montante destro alla cubana, sia esso calcolato al volto o al corpo, è un colpo dalla grazia e dalla spettacolarità seducente. Molto ruotato e caricato, è velocissimo e viene spesso usato come tattica d'attacco, nonostante una delle prerogative principali della boxe cubana sia l'attendismo e la scelta di tempo. Quando si assiste agli incontri di boxe a Cuba, il montante destro è il colpo che tutti attendono e quando arriva a segno il pubblico si esalta e si emoziona.

Se il montante destro alla cubana è largo, caricato con una rotazione quasi da cartone animato inspiegabilmente veloce, non meno spettacolare è il montante tirato in maniera, per così dire, più canonica. Veloce e interno, mira a passare tra i gomiti e gli avambracci dell'avversario fino a strisciare rapidissimo verso la punta del mento. Potrà sembrare uno scherzo del destino, ma un altro dei pugili contemporanei maestri dei montanti – come del resto di qualsiasi altro colpo – è un altro mancino, e quindi bisognerà parlare di nuovo di montante sinistro. Vasyl Lomachenko, giovane campione ucraino dalla boxe scevra da imperfezioni. Uno che i montanti li porta un po' meno a regola d'arte, ma un po' di più simili a come vorrebbe "l'accademia".

E che dire di Tyson? Delle sue bombe che parevano martelli al contrario e facevano schizzare le teste dei malcapitati avversari verso improbabili traiettorie secondo le leggi anatomiche del corpo umano, della struttura dello scheletro, del sistema muscolare o motorio in generale. Gancio destro al corpo a scoprire sopra e montante micidiale proprio sotto al mento: questo faceva Mike Tyson con una combinazione innaturale e di non semplice esecuzione, che il suo fisico raccolto e atipico per un massimo gli concedeva di eseguire in totale scioltezza.

Come quando abbiamo fatto riferimento al montante sinistro, constatiamo che anche per il montante destro lo studio del movimento e della catena cinetica non porta troppo lontano dal diretto corrispondente, vale a dire il diretto destro. Traiettoria interna e stesso movimento a cui aggiungere il consueto impulso verso l'alto, che questa volta è applicato sulla punta del piede destro. Un accorgimento, o forse sarebbe meglio dire un piccolo trucco, che riguarda la basilare impostazione di guardia è ora d'obbligo. Consideriamo il gomito destro, quello che al momento di metterci in guardia posizioniamo bene a protezione del fegato. Immaginiamo di tenerlo ancora più chiuso, facendolo "scivolare" in avanti, di modo che si piazzi esattamente tra il fegato e lo stomaco. Il guantone rimane invece nella stessa identica e consueta posizione a coprire il volto. In questo modo non solo offro protezione anche allo stomaco ma intanto guadagno quattro, cinque centimetri di distanza dal mio avversario. Consideriamo che nel pugilato si tratta di un guadagno notevole. Ma soprattutto accadono due cose fondamentali. Come per magia e in modo del tutto naturale, il montante va a percorrere da solo la traiettoria ideale, vale a dire quella che passa tra le braccia dell'avversario. Non è finita! In questo modo al momento della rotazione in avanti della parte destra del corpo, il gomito riceve impulso non solo dallo spostamento di peso in sé o dall'anca destra ma anche dall'addome. Ne scaturisce un colpo immancabilmente più rapido, preciso ed efficace.

a) Il montante destro al corpo

Se decido di portare il montante destro al corpo devo tenere presente che è obbligatorio considerare un forte impulso in avanti dato dal piede posteriore, oltre considerare il fatto che posso decidere di portarlo in maniera più carica anticipando il movimento al colpo, o di sorpresa, facendo partire il colpo in contemporanea allo spostamento. Il mio obiettivo principale diventa la bocca dello stomaco.

b) Spostamenti col montante destro

Anche in questo caso posso decidere se attuare la mia azione col montante destro spostandomi in tutte le direzioni, decidendo se attuare lo spostamento in contemporanea o in anticipo rispetto al colpo.

Spostamento in avanti

Posso decidere di spostarmi in avanti sia in contemporanea, sia in anticipo rispetto al montante destro. Per quanto riguarda lo spostamento in contemporanea, occorre considerare che è molto più indicato rispetto allo stesso movimento effettuato col diretto destro, in quanto il moto rotatorio dal basso mi permette paradossalmente di eseguire un movimento più armonico, quindi naturale e rapido, rispetto al puro e semplice avanzamento che presuppone il diretto. Inoltre in questo modo punto a entrare nella guardia avversaria – luogo più "sicuro" – e la forte rotazione della stessa spalla destra in avanti mi offre discreta protezione sul lato destro del volto.

Non è troppo diverso dal movimento che faccio col diretto se invece anticipo lo spostamento. Cercherò in questo caso più carica nel mio colpo.

Analoga la tattica da utilizzare al corpo: sebbene occorre riconoscere che il montante destro al corpo è più indicato per attaccare la guardia mancina piuttosto che quella regolare, quando invece sarebbe più opportuno, intelligente ed efficace usare il diretto.

Spostamento all'indietro

Micidiale, elegante e utile per interrompere l'azione d'attacco avversaria è lo spostamento all'indietro in contemporanea col montante destro. Molto più indicato al volto che al corpo. Indicato invece sia sopra che sotto lo spostamento anticipato, tattica ideale sebbene non semplice, per la ricerca di un potente colpo d'incontro. Si può dire che il «passo indietro e montante», sia analogamente riconducibile alla sezione «basi del colpo d'incontro», tanto quanto lo stesso movimento effettuato con il diretto.

Spostamento a destra

Efficace, ha lo stesso scopo dello spostamento all'indietro se deciso in contemporanea, magari uscendo dall'attacco col jab da parte dell'avversario. Permette inoltre di agire in sicurezza uscendo dall'asse di combattimento e quindi dal "mirino" dell'avversario. Colpo eccellente e difficile da calcolare. Leggermente innaturale se si decide di portarlo al corpo.

Meno difficile da calcolare ed estremamente efficace – sia sopra che sotto – se decido di anticipare lo spostamento, scelta ideale se cerco di schivare il jab avversario e partire magari con una combinazione di tre colpi (es. passo, montante destro, gancio sinistro e diretto destro), per finire e recuperare la distanza.

Spostamento a sinistra

È un'eccellente e devastante scelta tattica da adottare contro i mancini: decidere di portarlo sia in contemporanea, sia col semi passo anticipato – tanto al volto quanto al corpo – cercando di portarlo a tempo sull'attacco dell'avversario col jab destro. Consideriamo che in questo caso si mira al vicino fegato rivale.

Va inoltre tenuto presente quanto sostenuto in precedenza riguardo il montante sinistro e il lavoro incrociato alle corde e all'angolo. La tattica è la stessa, solo che questa volta tagliamo la strada a sinistra per chiudere a morsa col destro. In questo caso il colpo è tanto efficace al corpo quanto al volto.

11. Il gancio sinistro

Il gancio sinistro è un colpo che in tanti adorano. È ottimo per concludere

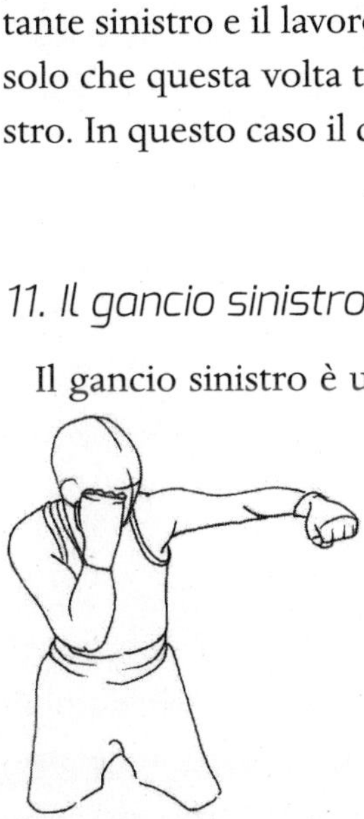

un'azione in maniera sicura da un lato, e più devastante di quanto si possa fare con il jab dall'altro. Specialista di questo colpo è ancora Miguel Cotto che ha reso spettacolare la

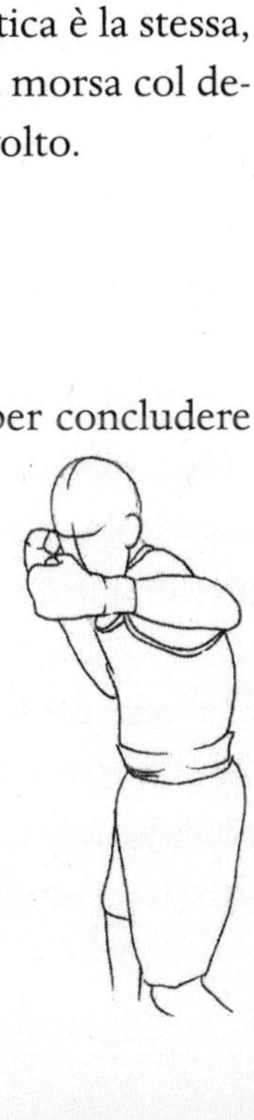

sua carriera proprio grazie al suo gancio sinistro, caricato al corpo o al volto. Cotto organizza tutta la sua tattica di combattimento per calcolare il momento giusto in cui punire col gancio sinistro e se quel gancio entra a dovere, per gli avversari sono dolori. Movimenti sulle gambe, colpi volti a scoprire l'avversario dal lato destro, preparazione della rotazione delle spalle che fornisce al colpo una potenza devastante. Una storia pugilistica che trova i suoi sublimi colpi di scena in un valzer di fegati maleducatamente percossi, mascelle compresse e spostate, occhi strabuzzati e roteanti, gambe che si irrigidiscono, poi si piegano e infine cedono. Ha la "bomba" dei pesi maggiori del suo Miguel Cotto e non a caso da anni seppur sotto il limite di peso dei super welter e poco al di sopra dei welter, si cimenta con avversari che rientrano a malapena nei pesi medi perché adottano quelle tecniche di disidratazione a mio avviso pericolose nonché ingiustificabili e infami – che tanto piacciono a promoter, allenatori e pugili del circuito a stelle e strisce – di modo che al peso il pugile rientra nel limite e il giorno dopo si presenta sul ring con cinque o sei chili in più. Per questo negli ultimi due match disputati Cotto si è trovato di fronte prima Geale, che al momento di varcare le corde pesava quasi dodici chili in più di lui e poi *Canelo*, che al momento del match di chili in più ne pesava otto. Poco male. Nessun problema. Cotto maciulla letteralmente Geale, mentre col furbo, bravo ed esperto seppur giovanissimo *Canelo* riporta una discussa sconfitta, ma a dare spettacolo sul ring contro quel gigante "pel di carota" è proprio il "piccolo" portoricano. Poco prima Cotto aveva demolito altri due pesi medi, Delvin Rodriguez e *Maravilla* Martinez, tutti più grossi di lui (decisamente più grossi), tutti caduti nel tranello e sotto i colpi possenti del micidiale gancio sinistro. Se il portoricano è da considerarsi uno degli specialisti contemporanei del gancio sinistro – insieme ad altri campioni del calibro di Lucas Matthysse e Danny Garcia – il gancio sinistro più famoso e indimenticabile della storia della boxe resta quello di Sugar Ray Robinson ai danni di Gene Fullmer. Praticamente l'esecuzione plastica e perfetta di questo colpo.

Il vero problema del gancio sinistro non è portarlo – cosa che per molti pugili appare naturale, per altri impossibile – quanto piuttosto insegnarlo. Senz'ombra di dubbio osservare il colpo di Sugar Ray contro Fullmer aiuta. Un grande maestro ha sempre fatto così: «Sai come si insegna il gancio sinistro? Bam!», e colpiva il sacco con un gancio sinistro capace di abbattere una montagna, confidando nella voglia di assimilare dell'affascinato neofita, nonché nel suo desiderio di imitazione, una volta impressionato e piacevolmente spaventato dal boato causato da quella mazzata d'altri tempi.

Personalmente credo che sia il modo più efficace di insegnare il gancio sinistro. Le ragazze e i ragazzi, soprattutto quelli piccoli, prima sussultano e poi immediatamente colpiscono il sacco con un pregevolissimo "primo" gancio sinistro della loro vita. Un ottimo inizio insomma. Già perché se si comincia a trattare lo studio della catena cinetica del gancio sinistro, cercando di spiegare quanto rotatorio deve essere il movimento del piede sinistro verso l'interno, l'inclinazione del ginocchio, per poi spiegare l'avanzamento della spalla e la «regola dei due novanta gradi», allora finisce che l'allievo non capisce più nulla. Aggiungeteci spostamenti di peso e inclinazione del polso tradizionale o, come dicono in tanti, "all'americana", e il futuro pugile si metterà a pensare a troppe cose, non riuscendo più a connettere. Nonostante questo la maggior parte dei maestri si ostina a voler spiegare passo per passo l'estetica dell'esecuzione del gancio.

Credo piuttosto che il gancio sinistro deve definirsi in questo modo ed essere spiegato così: il gancio sinistro è quel colpo volto a colpire l'avversario dal lato e deve essere portato a una distanza che possa colpire o dentro la guardia (gancio corto) o dietro la guardia (gancio lungo). Può essere portato in maniera classica col polso in parallelo al terreno, se cerco distanza e velocità, oppure all'americana, con le nocche in verticale a cercare più potenza ma minor distanza e velocità.

Una buona soluzione per insegnare o per imparare il gancio sinistro, potrebbe essere quella di farlo seguire a un colpo tirato col destro, perché la rotazione che ne consegue aiuta a eseguire il movimento in maniera più naturale.

Il gancio sinistro mira principalmente alla mascella o alle tempie, che sono punti molto sensibili, e lo rendono un colpo di grande pericolosità.

Per quanto mi riguarda, più che le consuete disquisizioni da tipico e diffuso scorbuto pugilistico – che spesso hanno visto andare in scena veri e propri scontri tra teorie differenti – per esempio sul fatto che sia più utile alzare o meno il gomito, o magari colpire col dorso della mano, bisogna tenere in considerazione una constatazione molto semplice. Il colpo deve andare a segno e spesso deve arrivare lontano pur essendo un colpo curvo e quindi intrinsecamente corto. Secondo me il gancio dovrebbe essere interpretato in una maniera che possa proteggere il più possibile il pugile e quindi impedire un eccessivo sbilanciamento in avanti. In questo senso credo che il maggior allungo si possa ottenere tirando il gancio in maniera tradizionale, cercando di arrivare a bersaglio con le prime due nocche, vale a dire quella dell'indice e quella del medio. Uno dei principali problemi nel tirare il gancio sinistro consiste nella contrazione muscolare. Il gancio in generale è il colpo più lento del pugilato e tirarlo in maniera contratta risulta prevedibile ed estremamente pericoloso. Il movimento del braccio deve essere estremamente sciolto, e l'efficacia del colpo deve essere ricercata nell'esecuzione completa della catena cinetica necessaria. In questo senso c'è chi giustamente sostiene che il gancio sinistro possa incontrare uguale se non maggiore efficacia, sbilanciandosi addirittura all'indietro in modo da permettere di mantenere il volto ben coperto dalla spalla sinistra.

a) Il gancio sinistro al corpo

Il gancio sinistro al corpo è invece più semplice da eseguire ed è consigliabile portarlo all'americana. Questo perché il movimento di abbassamento è molto simile a quello che concerne il montante sinistro al corpo e quindi prevede un notevole avvicinamento. Obiettivo del gancio sinistro al corpo è per forza di cose il fegato. È più sicuro del montante sinistro in quanto prevede una forte rotazione finale col tronco e quindi con la spalla, che va a riparare bene il mento.

b) Spostamenti col gancio sinistro

La tattica di spostamento sul gancio sinistro è fondamentale e affascinante. Si tratta infatti del tipico colpo da portare o all'interno di una combinazione, in quanto la rotazione del tronco prevista nelle combinazioni aiuta la naturalezza del movimento. Vediamo come.

Spostamento in avanti

Se il mio obiettivo è distante, allora dovrò cercare di entrare col mio gancio muovendomi in contemporanea al semi passo. Come se dovessi acchiappare saldamente qualcosa che è parecchio lontano. È l'ideale per impostare un uno-due da completare con un diretto destro. Fondamentale in questo caso è coprire bene la parte sinistra del volto con la spalla sinistra. Non ha troppo senso cercare di portarlo al corpo.

Se invece anticipo il movimento eseguo la consueta rotazione che porta la mia spalla destra ad avanzare leggermente: in questo modo guadagnano centimetri e caricando il gancio, questo risulterà parecchio più potente e in questo caso adatto anche al corpo.

Come per tutti i colpi portati in avanzamento è opportuno ricordare che l'esecuzione del colpo termina con l'impulso contrario che permette di tornare in guardia. A maggior ragione è bene ricordarlo in questo caso particolare, perché l'azione prevede un forte sbilanciamento in avanti.

Spostamento all'indietro

Colpo bellissimo e sicuro se mi sposto in contemporanea. Blocca l'azione di avanzamento dell'avversario e in più acquisisce un fascino particolare, quasi magico. Quando viene messo a segno ha la capacità di innervosire il rivale, conferendo alla nostra azione un'aura di scherno nei suoi confronti. Non è di difficile esecuzione e ripeto, è sicuro, perché allo spostamento si aggiunge un leggero sbilanciamento all'indietro e la consueta spalla molto alta a proteggere il volto. Non ha senso portarlo al corpo.

Molto valida l'azione anche se decido di anticipare il semi passo, ma diventa più pericolosa. Una di quelle scelte che richiedono gran senso del tempo e una consapevolezza spaziale ben precisa ovvero: «Certo! Mi rendo ben conto che sono sul ring e mi sento in grado di rischiare!», ma non basta. Si tratta della classica azione che devo mettere in atto quando sono consapevole del punto del ring in cui mi trovo. Ideale per la tattica di rimessa ed estremamente efficace anche al corpo.

Spostamento a sinistra

Stiamo tirando un colpo curvo spostandoci a sinistra, quindi analogamente a quanto succede col montante sinistro, dovrò prevedere un perno sul piede anteriore. Tattica di boxe aerea, leggiadra ed efficace, è orientata a far impazzire l'avversario come un toro nell'arena ed è frequente tra i dilettanti. Più facile da portare dopo un colpo tirato col destro in quanto il rientro in guardia della spalla destra conferisce spinta e naturalezza alla rotazione sul perno, nonché potenza a questo colpo che diversamente potrebbe essere poco "pesante".

Non si tratta di un colpo usato di frequente al corpo perché inefficace, inoltre, va ricordato che non ha senso anticipare lo spostamento come posso fare con gli altri colpi. Uscirei troppo dalla traiettoria e rischierei di andare a vuoto.

Spostamento a destra

Micidiale e d'incontro se metto il mio gancio sinistro in contemporanea non solo allo spostamento, ma anche al jab in avanzamento dell'avversario. Questo vale sia per il colpo caricato al volto sia al corpo. Ancor più efficace e risolutivo, sebbene parecchio lento, se decido di anticipare il semi passo, sia al corpo che al volto. Ricordiamo bene che il gancio acquista potenza con la rotazione delle spalle e lo spostamento a destra utile alla carica del gancio sinistro prevede proprio questo movimento, una forte rotazione delle spalle in senso antiorario. Quello che si libera in questo caso è un proiettile a forma di gancio. Se volessimo ora analizzare quanto possa essere efficace un'azione in attacco a morsa alle corde o all'angolo, ci renderemmo conto immediatamente di quanto lo spostamento a destra in anticipo sul gancio sinistro – volto a tagliare la strada all'avversario da quel lato – possa rappresentare sia al corpo che al volto, una scelta ancora più efficace di quanto la stessa tattica affrontata con i montanti.

12. Il gancio destro

Il 5 maggio del 2007 Floyd Mayweather Jr incontra Oscar De La Hoya in quello

che quasi tutti esaltano come il match del secolo. Poco male che di "match del secolo" se ne disputano in media un paio all'anno, perché un incontro di boxe bisogna pomparlo all'ennesima potenza. Ma va detto che in quel caso, effettivamente, i due campioni si trovano di fronte un'impresa ardua. Al di là dello svolgimento del match, Mayweather si trova opposto un fuoriclasse di altri tempi, un autentico mostro del ring, intelligente, furbo,

tattico e determinato. Oscar ha preparato quel match nel migliore dei modi, anche perché la sua carriera è in fase terminale e di lì a un anno si concluderà dopo la sconfitta col grande Manny Pacquiao. Le ultime scintille di un finale col botto per il campione californiano di origine messicana. Poco importa se Floyd allora solo *Pretty Boy* e non ancora *Money*, sale sul ring con la consueta spavalderia e strafottenza, indossando un enorme quanto ridicolo sombrero messicano, con l'obiettivo di punzecchiare e innervosire il contendente. De La Hoya contro ogni pronostico è più determinato che mai e *Pretty Boy* deve sudare sette camicie per domarlo. De La Hoya è ben chiuso e attento, è perfettamente preparato alla consueta boxe di Mayweather e allora il rivale, deve adattarsi e inventare la tattica giusta per sopraffarlo. La soluzione è il gancio destro. Partendo dal presupposto che Mayweather è maestro nell'esecuzione di qualsiasi colpo, occorre considerare anche la tattica snervante e "attendista" tipica della sua boxe. Un pugilato basato su colpi d'incontro e una difesa indecifrabile con una tipica guardia *shoulder roll*, insomma una boxe fatta di ben pochi rischi. E il gancio destro è ben noto, è il colpo che maggiormente espone ai rischi. E allora da un certo momento in avanti *Pretty Boy* si mette a debita distanza e comincia a sfoderare saette di gancio destro lunghissime, a volte dal lato come vuole l'accademia, a volte dall'alto quasi a martello, a dimostrare le sovrumane e formidabili capacità tecniche e tattiche. Altre volte De La Hoya, innervosito e confuso si butta in avanti a cercare frenetiche combinazioni: ed eccolo lì precisissimo a tempo perfetto, il gancio destro corto e caricato di *Pretty Boy* a bloccare l'iniziativa e a fare male. Malissimo.

Un match che diventa un inno al gancio destro. Ma è noto, Floyd Mayweather Jr non è propriamente umano.

Non a caso, quando prima si è parlato del proverbiale montante destro di Tyson si è fatto riferimento al modo in cui era solito preparare quel montante. Gancio destro al corpo a demolire l'avversario che per forza di cose, di fronte a tanta surreale potenza, abbassava d'istinto i gomiti a coprire il corpo. E poi il montante al mento mostruoso quanto il gancio.

Non sono un particolare fanatico del gancio destro. Si tratta di un colpo particolarmente pericoloso, perché alla normale esposizione cui anche il gancio sinistro espone, prevede una rotazione molto larga, lunga, lenta e in senso antiorario, proiettando il pugile direttamente verso i colpi dell'avversario con uno sbilanciamento eccessivo. Il movimento di preparazione è simile a quello degli altri colpi portati col destro, ma bisogna concludere aprendo eccessivamente la guardia. Il colpo può andare a segno nelle stesse modalità del gancio sinistro, tradizionale o all'americana. Personalmente credo sia opportuno utilizzarlo se dovessimo percepire un calo di attività del nostro avversario, oppure se lavorando alle corde o all'angolo o comunque alla corta distanza, mi trovassi in posizione più frontale. Ancora meglio invece tirarlo d'incontro, corto e dentro la guardia dell'avversario, magari arretrando o uscendo alla mia destra.

a) Il gancio destro al corpo

Diversa l'esecuzione del gancio destro al corpo. È infatti una soluzione tremendamente efficace se indirizzata alla parte destra del tronco dell'avversario, quella più vicina a me, nel caso mi trovassi di fronte un mancino. In tutti i casi

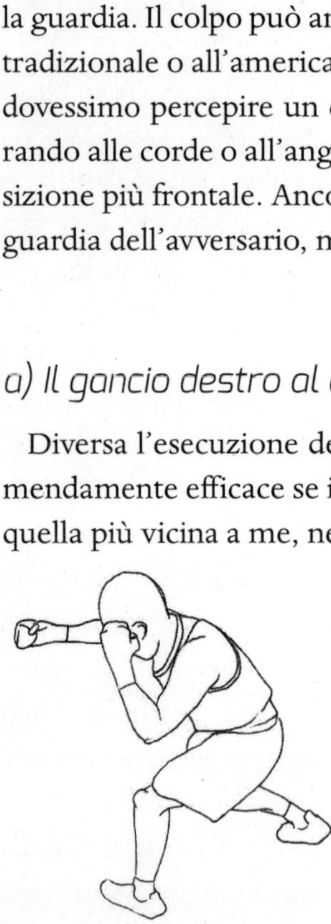

però, l'abbassamento in cui consiste la preparazione del colpo mi permette di passare in maniera relativamente sicura sotto il sinistro dell'avversario, o sotto il destro se dovessi incrociarlo. In quest'ultimo caso arriverei a trovarmi d'incontro col guantone proprio

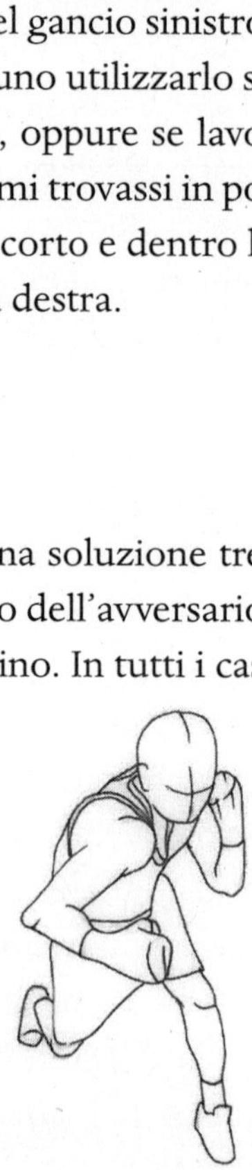

nei pressi del fegato o della bocca dello stomaco. La rotazione della spalla destra a protezione del volto mi permette inoltre di mettere a segno il colpo in maniera abbastanza sicura.

b) Spostamenti col gancio destro

Credo che per diventare specialisti del gancio destro si deve per forza fare riferimento agli spostamenti: muovendomi infatti, posso sperare di agire in maggior sicurezza e con maggior efficacia. Allo stesso tempo devo però essere consapevole che sto assumendo grossi rischi.

Spostamento in avanti

È rischiosissimo tirare il gancio destro proiettandosi in avanti. Posso comunque decidere di agire in questo modo e posso calcolare se mi conviene far atterrare il mio colpo dentro la guardia, tirando quindi un colpo più corto e rimanendo più coperto, oppure optare per indirizzare il mio gancio dietro il guantone sinistro dell'avversario. Movimento che comporta una maggior apertura della mia guardia.

Se invece anticipo il passo, come al solito, cercherò di caricare di più il colpo o avrò previsto di schivare all'esterno il destro del mio avversario.

Tutte queste soluzioni come vedremo più avanti, si scoprono estremamente vantaggiose qualora dovessi misurarmi con un mancino.

Come accennato sopra il gancio destro al corpo, nonostante comporti i rischi consueti di tutti i colpi caricati alla figura, è una scelta efficace e relativamente sicura anche in avanzamento.

Spostamento all'indietro

Estremamente improbabile riuscire a infilare il gancio destro all'esterno della guardia se sto arretrando contemporaneamente al colpo, ma molto elegante ed efficace. Una scelta a mio avviso più indicata in questo caso, sarebbe provare il gancio corto e d'incontro all'interno della guardia, ottimo per interrompere con fastidio l'avanzamento dell'avversario. La stessa cosa vale se decido di anticipare lo spostamento, in quel caso la soluzione sarà più lenta ma il colpo più potente e d'incontro. Analogamente posso decidere di lavorare al corpo.

Spostamento a destra

Il gancio destro caricato in contemporanea al mio spostamento a destra e all'avanzamento dell'avversario è un capolavoro per spettacolarità e difficoltà di esecuzione. Lo stesso vale se decido di anticipare il semi passo, caso in cui il mio colpo sarà ulteriormente carico. Pericolose e stupide soluzioni da adottare con i mancini, sono invece più sicure ma comunque difficili se lavoro con un avversario in guardia regolare. Se decido di intervenire al corpo, anticipare il semi passo presuppone un'azione estremamente lenta e prevedibile, meglio quindi spostarsi in contemporanea al colpo.

Spostamento a sinistra

Qualsiasi soluzione di spostamento a sinistra con il gancio destro comporta rischi elevatissimi con un avversario in guardia regolare, come altrettanti vantaggi se invece sto combattendo contro un mancino. Gli stessi rischi e vantaggi si concretizzano anche se dovessi pensare all'attacco a morsa alle corde o all'angolo. In tutti questi casi è più sicuro decidere di lavorare al corpo.

13. La difesa

La pura e semplice difesa dovrebbe essere la prima cosa che si apprende quando ci si avvicina al pugilato. La prima regola della boxe infatti è quella di imparare a difendersi. Sebbene molti considerano questa regola la base fondamentale dell'insegnamento, nella stragrande maggioranza dei casi succede che si cade nella tentazione di cimentarsi prima nello studio dei colpi poi nella difesa, sia per colpa del pugile sia dell'allenatore. Tuttavia qui nel sempre arduo tentativo di scrivere un buon manuale di pugilato, si è preferito approfondire prima lo studio dei colpi per capire bene da cosa dobbiamo difenderci. Quando si fa riferimento a «difesa pura e semplice» si vuole intendere lo studio delle basilari tecniche di difesa e non quanto queste possono essere utili al contrattacco, argomento che invece verrà affrontato tra qualche pagina.

Esistono varie tecniche di difesa e spesso, secondo tante teorie poi messe in pratica, si tende ad affrontare questo argomento insegnando per prima cosa a parare i colpi, probabilmente perché si tratta della tecnica più semplice. Questa opzione a mio avviso cozza con un aspetto preponderante della prima impostazione del pugile, vale a dire quello secondo cui un allievo deve prima di tutto sapersi muovere bene sulle gambe. Quando invece si parla (e si parlerà tra poco) di «senso del ring», si fa riferimento esplicito alla percezione "spaziale" dell'ambiente fisico del pugilato, ovvero il quadrato. Si è parlato all'inizio del fatto che al momento di varcare la famigerata soglia della palestra, il futuro pugile deve imparare tra le altre cose a camminare e rendere efficaci le proprie azioni in un ambiente limitato, quello delle sedici corde appunto, variabile non trascurabile nell'ottica di una ben più problematica esecuzione di qualsiasi decisione. Ora, parare i colpi è una tecnica che presuppone una forte contrazione muscolare a scapito dell'agilità di movimento. Insegnare a parare i colpi renderà un pugile capace di difendersi principalmente in questo modo, abituandolo alla contrazione. Insegnargli prima a muoversi e poi a parare, lo imposterà in modo da permettergli di difendersi in maniera universale e quindi più versatile.

In questo senso credo sia più utile affrontare lo studio della difesa seguendo questo tipo di schema:

- Uscire dai colpi
- Anticipare
- Schivare i colpi
- Parare i colpi

Questa decisione dipende da una semplice supposizione secondo cui devo prima studiare il match e calcolare la mia distanza ideale, e successivamente preoccuparmi di sopportare l'attacco avversario giunto alla giusta "portata". Attenzione, qui non si vuole fare riferimento a una particolare tattica basata sul mantenimento della distanza, bensì si vuole fare riferimento a un calcolo che permetterebbe di affrontare l'incontro a una distanza congeniale, che non per forza dove essere rappresentata dalla "lunga" o dalla "media".

a) Uscire dai colpi

Ci sono tanti modi per accogliere un nuovo pugile in palestra, ma uno di questi è da considerarsi secondo me il più valido. C'è chi il primo giorno ti mette in guardia e poi semplicemente ti spiega il jab, oppure c'è chi dopo averti messo in guardia ti fa camminare avanti, indietro e sui lati (ottima tecnica). Talvolta si senta parlare di maestri che insistono su questo argomento per mesi, danneggiando seriamente l'equilibrio psichico dell'allievo, nonché rischiando di perderlo alla seconda lezione. E poi c'è chi insegna la guardia e poi ti mette subito a fare il "pendolo". A Cuba per esempio questa è la regola. Si tratta di spostare il peso dalla gamba posteriore a quella anteriore e viceversa, in maniera ripetitiva, oscillando sia frontalmente che di lato. È facile constatare che l'apprendimento immediato di questo semplice movimento non richiede più di qualche lezione, e allo stesso tempo imposta il nostro pugile in modo che consideri il bilanciamento, o il movimento «avanti / indietro», o «destra / sinistra», naturale. Ora il movimento avanti / indietro (o dentro-fuori che dir si voglia) è senz'ombra di dubbio il fondamento principale di ciò che sta alla base dello studio dei colpi e del concetto di senso del ring, ma è anche fondamentale per la difesa basata sull'uscita dai colpi ed è persino utile per attutire l'impatto dei colpi nel caso decidessimo invece di pararli. Essere sicuri e padroni del "pendolo", ci permette di sviluppare grande reattività per percepire le intenzioni dell'avversario, e ci permette di partire in vantaggio qualora riuscissimo a impostare la nostra tattica di combattimento sul prendere il tempo all'avversario.

Si può decidere di uscire dai colpi nei seguenti modi:

– Arretrando. Scelta valida in qualsiasi occasione e di fronte a qualsivoglia colpo, sebbene occorre ricordare che il ring prima o poi finisce.

– Sposandosi a destra. Se dovessi prevedere l'arrivo di un colpo interno, diretto o montante che sia, oppure un gancio destro. L'importante è che non si tratti di un gancio sinistro. Posso decidere sia di effettuare un semplice passo, o magari un perno sul piede anteriore, tanto quanto su quello posteriore.

– Spostandosi a sinistra. Decidendo tra il passo o il perno, questa volta solo sul piede anteriore e sempre augurandomi che l'avversario non mi abbia invitato in un tranello e stia per sfoderare un gancio destro.

b) Anticipare

Si tratta di un'ottima tecnica soprattutto se predispongo di un buon vantaggio di statura o di allungo. Mettere in avanti il jab, ovviamente calcolato a tempo e in anticipo sull'eventuale attacco dell'avversario, mi permette di mantenere la distanza e contemporaneamente mettere a segno dei punti. Sarebbe invece più difficile adottare questa tattica se il mio avversario dovesse essere più alto. Potrei infatti decidere di anticipare ugualmente, magari passando sotto i suoi colpi e portando un jab al corpo sul suo avanzamento, anche se si tratta di una scelta rischiosa e dispendiosa dal punto di vista energetico, dal momento che dovrei spesso abbassarmi sulle gambe.

c) Schivare i colpi

È una tecnica di difesa difficile e spettacolare. Si tratta di uscire dalla traiettoria dei colpi avversari attraverso piegamenti o rotazioni sul tronco. Tuttavia si è già riflettuto sul fatto che un corpo non può piegarsi all'infinito, è quindi consigliabile unire questa tecnica di difesa a una guardia ben protetta, magari impostata con un apertura significativa delle gambe, volta a impedire all'avversario di avvicinarsi troppo, nonché all'eventuale scelta di combinare le schivate con gli spostamenti.

Punterò quindi a piegarmi o sbilanciarmi verso destra se prevedo l'arrivo di un diretto o un montante sinistro; verso sinistra se al contrario volessi schivare un diretto o un montante destro. Utilizzerò invece le rotazioni se devo passare sotto i ganci, in avanti e in senso orario se si tratterà di un gancio sinistro, antiorario e in avanti se si tratterà di un gancio destro. Se invece dovessi decidere di schivare i ganci ruotando all'indietro, il senso di rotazione sarà invertito, orario per il destro e antiorario per il sinistro.

Teniamo presente che possono essere considerate schivate anche semplici abbassamenti sulle gambe e saranno utilissimi se prevedo l'arrivo di ganci o diretti al volto. Si tratta di movimenti molto più rapidi rispetto alle rotazioni. Se da un lato ci rendono molto più veloci nella nostra eventuale reazione, dall'altro conferiscono al nostro eventuale colpo di risposta meno potenza, non godendo della carica che la rotazione imprimerebbe.

Consideriamo infine il fatto che schivare i colpi tanto quanto uscirne, è un'azione da portare con grande velocità e agilità, cosa che richiede istinto e colpo d'occhio. Va da sé concludere che soprattutto nelle schivate con rotazione, il movimento da intraprendere è complesso e spesso richiede tempo prezioso. Un buon consiglio per fare economia di energie da un lato e guadagnare agilità e velocità dall'altro, consiste nuovamente nell'evitare l'inutile contrazione muscolare. In questo senso abbassarsi velocemente senza dover far troppa fatica presuppone una scelta di natura fisica. Non esiste nulla che può farmi abbassare in maniera più rapida della forza di gravità. In questo senso quando decidiamo di schivare, la soluzione migliore è rilassare i muscoli di entrambe le gambe se dobbiamo abbassarci e poi ruotare, o della gamba corrispondente se dobbiamo sbilanciarci da un lato, come se ci lasciassimo cadere. A quel punto una volta raggiunta la "quota" necessaria alle nostre intenzioni, una nuova tensione muscolare delle gambe ci permetterà di acquistare velocità nel risalire, nonché di caricare il colpo qualora avessimo calcolato una reazione.

d) Parare i colpi

Si tratta, come abbiamo detto, di un'altra tattica fondamentale e basilare. Non credo si possa salire sul ring senza avere idea di come parare un colpo. Per prima cosa consideriamo il fatto che ogni guardia presuppone lo studio di un metodo di "chiusura a riccio", di modo che ogni possibile colpo dell'avversario possa infrangersi sulle braccia. È una metodologia di difesa estrema da adottare quando siamo in completa balia dell'avversario e dobbiamo provare a limitare i danni. Inoltre nel pugilato dilettantistico si corre il rischio di incappare nella cosiddetta «difesa passiva», punibile con il conteggio. Sfido invece qualunque professionista a resistere a lungo alle bordate caricate a tutta forza sulle braccia. Finirebbe prima o poi per aprirsi e concedere un varco all'iniziativa avversaria, oltre che a subire un forte indebolimento fisico. Questo tipo di posizione è molto contratta e oltre a precludere una reazione rapida e sensata, richiede un grosso dispendio di energie. Andrebbe quindi adottata solo in situazioni critiche.

Esiste tuttavia una tattica di difesa ben precisa e "attiva" basata sulle parate. La prima cosa da tener presente è che il movimento di parata deve essere il più raccolto possibile, infatti se dovessi allargarmi troppo, rischierei di scoprire altre parti del corpo.

– Parare i diretti. I colpi si parano col braccio corrispondente, vale a dire parare il jab (sinistro) dell'avversario con la mia mano destra, e il diretto destro con la mano sinistra. Col gomito destro parerò il sinistro al corpo, e col gomito sinistro il diretto destro. Più allontano i gomiti o i guantoni dall'iniziale posizione di guardia, più rischio di offrire un altro bersaglio all'avversario.

– Parare i ganci. Si tratta di far scivolare verso l'alto a protezione della mascella e della tempia il guantone destro se devo parare un gancio sinistro, e il guantone sinistro se devo parare il gancio destro. È importante che le braccia rimangano comunque molto aderenti al corpo, onde evitare un eventuale contraccolpo. Se devo difendermi al corpo lavorerò sempre nel tentativo di intercettare i colpi con le braccia e i gomiti corrispondenti.

– Parare i montanti. Non è troppo diverso parare i montanti al viso rispetto ai diretti. Dovrò considerare che il colpo arriva dal basso e quindi dovrò flettere leggermente i polsi verso l'interno. Allo stesso modo il montante al corpo avrà una traiettoria più interna rispetto al gancio e dovrò quindi far scivolare leggermente i gomiti in avanti verso le zone più centrali del mio corpo.

PARTE TERZA

TATTICA PUGILISTICA

14. *Il senso del ring. La scacchiera*

Si è spesso paragonato il pugilato agli scacchi. In realtà non vedo tutte queste analogie, se non in un contesto preciso. Si tratta di quell'elemento fondamentale che si deve prendere in considerazione quando si vuole parlare di tattica. Questa disciplina nella disciplina, o questa specie di meta-arte – chiamatela come volete – è il «senso del ring». Il senso del ring è il marchio di fabbrica che contraddistingue il nostro pugilato e che mette a nudo la nostra personalità, spesso è l'elemento fondamentale che contraddistingue un grande pugile da un campione. Quando si discute di pugilato non si sentirà mai dire «quello è un bel tre colpi», magari invece è più facile udire cose del tipo «occhio che quello è gran un *puncher*», oppure «è uno che gioca di rimessa». È così che si parte quando si deve definire un pugile e intavolare un'analisi. Le tattiche e le strategie di approccio al combattimento sono tutte svelate dal nostro senso del ring, che a sua volta racchiude il nostro Dna e la nostra indole pugilistica. È chiaro che anche in questo caso, saper leggere il match e l'avversario ci mette in condizione di affrontare al meglio l'incontro. Ma il solo saper interpretare non è parametro sufficiente per metterci sulla strada giusta, se poi alla corretta interpretazione non dovesse seguire la messa in pratica della tattica necessaria. Ecco cosa contraddistingue il dominio del ring dal semplice senso del ring.

E torna di nuovo attuale tra queste pagine il concetto di versatilità. In quanti modi saremo in grado di interpretare il match, tante possibilità in più avremo di adattarci al maggior numero di avversari possibili.

Il presupposto è che per tattica si dovrebbe intendere l'ideale applicazione e combinazione di attacco e difesa, calcolata però muovendomi in maniera adeguata sul ring. Una tattica può essere basata sulla corta distanza, ovvero quando i due contendenti si piazzano al centro del ring testa a testa e se le danno di santa ragione. In questo caso è fondamentale lavorare su una tattica di «parata e risposta», che consiste nel cercare di percepire la direzione dei colpi dell'avversario ricevendoli possibilmente sulle braccia, per intuire dove possa essersi scoperto e quindi colpire più velocemente di quanto ci metta a tornare in guardia. Si tratta di una tattica spettacolare, spesso associata alla tradizione messicana o argentina, strategie che non contemplano troppi arretramenti. Ne sono nati incontri storici e memorabili, come la monumentale saga Castillo-Corrales di cui è indimenticabile il decimo round del primo incontro, quando in seguito a due micidiali atterramenti Corrales reagisce come se appartenesse ad altre forme di vita. Ne segue un ulteriore scambio dalla ferocia inaudita e lo sfigurato Corrales continua fino alla demolizione del rivale, sancita dal ko tecnico che l'arbitro infligge a un Castillo che, seppur a quel punto consapevole di aver perso il match e di "avere finito", di andare per terra proprio non ne voleva sapere. Il grande *Chico* Corrales immortale in quell'occasione, si dimostra invece dannatamente umano in uno dei giorni più tristi della storia della boxe recente, quando muore in un incidente stradale.

Questo tipo di tattica ci svela la personalità dei due pugili, due guerrieri che molti definirono d'altri tempi, ma allo stesso tempo ci racconta come analizzare e interpretare un combattimento del genere. Di fronte al carattere se vogliamo brutale, dell'avvincente ma pur sempre eccezionale saga Castillo-Corrales, potremmo ragionare su cosa significa affrontare un match alla corta distanza. Non facciamoci ingannare dai volti sfigurati di campioni di altri livelli, immaginiamo di combattere noi in quel modo. Senz'ombra di dubbio dobbiamo renderci conto che questo tipo di tattica contempla la messa a segno di tanti colpi sia da parte nostra sia da parte del nostro avversario. Saranno per la stragrande maggioranza colpi curvi, corti e caricati, micidiali perché probabilmente precisi, in quanto il bersaglio da quella distanza è alla portata, ma che non compiono il tragitto completo della catena cinetica. Inoltre dobbiamo considerare che i contendenti si trovano in posizione praticamente frontale l'uno rispetto all'altro e in questo modo la rotazione delle spalle per la carica sequenziale delle combinazioni è meno ampia. In poche parole i colpi che ne usciranno faranno matematicamente meno male dello stesso colpo, tirato dallo stesso pugile dalla media o dalla lunga distanza. I volti sfigurati riprendo, sono quindi opera di un martellamento maggiore e costante, ripetuto e spesso a segno, ma non dalla pura e semplice efficacia o durezza dei singoli colpi. Dal punto di vista energetico occorre considerare che siamo praticamente fermi a centro ring. Grande dispendio di energie al contrario di quanto si pensi, proviene dal grande movimento sulle gambe. Provate semplicemente a colpire a vuoto a due mani per trenta secondi, con tutta la vostra forza da fermi. Poi provate a fare la stessa cosa saltellando anche in maniera leggerissima e poi calcolate quanto dispendio di energie in più sia necessario. Gran parte dell'ossigeno di cui disponiamo sta nei polmoni e nel sangue. Ricordiamo quindi un concetto. Per far lavorare i muscoli serve ossigeno. Più ossigeno richiedono i muscoli, meno ne rimarrà nei polmoni. E più un muscolo è grande, più ossigeno consuma e i nostri muscoli più grandi sono proprio nelle gambe. Quindi meno mi muovo attorno al ring, più energia ho per dedicarmi ad altro, per esempio alla carica dei miei colpi alla corta distanza. Ricapitolando avremo a che fare con un pugilato più doloroso perché dovremo mettere a segno parecchi colpi in più rispetto a quanti ne riceviamo. È però relativamente meno pericolosa di altre tattiche, perché i colpi sono caricati meno. È anche meno dispendioso dal punto di vista energetico e quindi ci permette di concentrarci sulla velocità e la precisione di esecuzione, nonché sulla difesa spesso contratta e "a riccio", che richiede un grosso dispendio di energie.

Quando si esaminano tattiche come questa, va considerato che si richiede ovviamente un atteggiamento reciproco da parte dei pugili. Se tutti e due hanno intenzione di combattere alla corta, allora assisteremo a un match disputato sulla corta distanza, ma se solo uno dei due si mette a girare, o imposta comunque la tattica in maniera diversa allora avremo un altro match e potrebbe succedere per esempio, che la questione si sviluppi come il divertente match tra Mayweather jr e Ricky Hatton. Il pugile britannico infatti è famoso per il cuore, per il ritmo indiavolato alla costante ricerca della corta distanza volto a conquistarla magari mettendo all'angolo o alle corde l'avversario. Vi ricordate quando si è parlato della tattica del lavoro a morsa? Ecco, Ricky Hatton ne è stato uno dei più grandi specialisti. Hatton lavorava in modo da tagliarti la strada da un lato e costringerti in quel modo a decidere se prenderti il colpo semplicemente pieno e caricato, oppure pieno, caricato e d'incontro se si decideva di uscire dall'altra parte. Per esempio così: Hatton costringeva alle corde l'avversario, a quel punto si spostava a sinistra e in avanti col piede tagliando la strada alla destra. Contemporaneamente ruotava le spalle in senso orario portando la destra a caricarsi come una molla all'indietro. E al momento in cui la carica raggiungeva la sua massima portata ecco che a tempo perfetto, Hatton faceva leva sulle gambe e scaricava il destro sull'avversario. Solitamente si trattava di un gancio al corpo. Di questa strategia Hatton era maestro e l'applicava sistematicamente a tempo perfetto e con una rapidità fuori dal comune, tanto a sinistra quanto a destra. Ma contro Mayweather Jr quella tattica era profondamente controindicata, perché non solo *Pretty Boy* non accetta mai un incontro alla corta distanza, ma è anche uno dei grandi maestri della media distanza. Vale a dire che non solo è capace di farti andare a vuoto sul tuo stesso attacco, ma che ha la perfetta cognizione dello spazio e sarà sempre lì alla portata, non lasciandoti un attimo di respiro. Mayweather non va a spasso per il ring, Mayweather ti manda a vuoto e invece che trovartelo dall'altra parte del quadrato è sempre lì addosso, che te la fa pagare. E in questo modo la fece pagare anche a Ricky Hatton, con quel *knock out* che per dinamica ed effetto forse più di ogni altro nella storia del pugilato, si ritrova a essere inquadrato come episodio simbolo adatto a spiegare la strategia in questione. Ricky si butta in avanti per l'ennesima volta, innervosito e ostinato a cercare l'avversario da vicino, perché vuole fargliela pagare a *Pretty Boy*, vuole metterlo all'angolo e martellarlo inesorabilmente fino a distruggerlo. Ma *Pretty Boy* si sposta sull'attacco e incrocia perfettamente con malignità. Hatton è colpito duro e preciso, la sua corsa continua con la faccia che va a sbattere violentemente sull'angolo, dove però non c'è più nessuno.

Se *Pretty Boy* ragiona più alla media che alla corta distanza c'è invece chi imposta tutto sulla lunga. Klitschko come abbiamo visto è un esempio formidabile. Centro del ring e jab di sbarramento. Ma c'è una tattica spettacolare ed elegante da adottarsi alla lunga ed è quella di rimessa. Il match che consacrò Muhammad Ali agli occhi del mondo, il primo incontro con Sonny Liston è senza dubbio l'esempio più famoso. L'orso assassino che insegue ostinatamente la farfalla che gira spavalda intorno al ring per poi pungere maliziosamente a tempo perfetto e con precisione chirurgica, fino a demolire prima psicologicamente poi fisicamente Sonny il colosso. Allora la tattica di Muhammad Ali fece storia, forse perché fino a quel momento non se n'erano viste tante di strategie sulla rimessa così magistralmente interpretate. Probabilmente la tattica di Ali passò alla storia anche perché era solito ripeterla sistematicamente con ogni avversario, e va da sé considerarla come una delle poche certezze della storia della boxe. Muhammad Ali può essere o meno "il più grande" a seconda delle gelosie di esperti e appassionati, ma di sicuro è il più grande specialista della boxe di rimessa che abbia mai calpestato il ring.

Ora, facendo riferimento a un'analisi se vogliamo tecnica della boxe di rimessa, possiamo renderci conto di alcune evidenze. Proviamo a fare di nuovo il gioco dei trenta secondi colpendo da fermi o saltellando. Oltre a notare l'importante differenza di dispendio energetico, noteremo anche un'altra cosa. La difficoltà, per lo meno all'inizio, a coordinare braccia e gambe. Una volta che però questa coordinazione ha preso forma e ci si avvicina a essere sempre più padroni del movimento, si avverte una strana sensazione. Quella di sentirsi come una macchina perfetta, un orologio. È quello il primo passo che ci può far capire cosa dovrebbe essere la boxe di rimessa. Grande dispendio energetico ma allo stesso tempo grande padronanza di movimento e quella sensazione di essere in grado di poter concentrare le energie per far partire il colpo quando, dove e come vogliamo. Ma senza mai caricare il nostro colpo: vediamo perché. Per prima cosa sto impostando il mio match su agilità e velocità, non devo quindi perdere troppo tempo a contrarre i muscoli. Seconda cosa, non ho bisogno di caricare un bel niente perché il mio colpo è ugualmente efficace e terribile, perché oltre a percorrere tutto il tragitto della catena cinetica, andrà a segno d'incontro sfruttando l'impatto maggiore provocato dall'avanzamento dell'avversario.

Quando si parla di tattica, senso del ring e distanza dovremmo pensare alla lancetta di un orologio. Chi sta al centro del ring è come se si trovasse sul perno della lancetta, chi combatte di rimessa, invece è come se si muovesse sulla punta. A un ipotetico passo in una direzione di chi sta al centro ne corrisponderanno almeno quattro per chi "gira intorno". Meno fatica ma meno spazio per chi sta al centro, più libertà ma più fatica per chi gira.

L'altro grande motivo per cui passò alla storia la tattica usata da Ali contro Liston, e se vogliamo, anche quella ancora più rischiosa utilizzata contro Foreman a Kinshasa, è che il genio di Luisville faceva passare gli avversari da stupidi. Grandi e grossi King Kong impegnati a smanacciare a vuoto come se dovessero riuscire a catturare qualche farfalla o abbattere elicotteri tra i grattacieli di New York. È proprio questo che c'è dietro il senso del ring. Non è che boxare di rimessa a regola d'arte presuppone intelligenza superiore rispetto al pecorone che ostinatamente insegue e viene solo avanti. Pensiamo a Gennady Golovkin e Vasyl Lomachenko, perfetti esecutori delle norme e della tradizione della grandissima scuola pugilistica sovietica. Loro sono sempre lì alla media distanza, sia se arretrano per spostarsi sul lato, sia se avanzano come carri armati. Lo stesso Ricky Hatton ha fatto della sua ricerca ostinata e determinata della corta distanza un marchio di fabbrica che gli ha fatto raggiungere livelli vertiginosi, tanto che solo campioni dalle indiscusse capacità hanno saputo tenergli testa. Allora cos'è che rende la ricerca dell'avvicinamento, sia esso portato alla media o alla corta distanza, un altro modo spettacolare e strepitoso di individuare e raggiungere la giusta strada per il successo? Consideriamo che chi è alto, veloce e agile e in più possiede l'inestimabile talento di saper giocare di rimessa, parte per forza di cose avvantaggiato. Allora però va riconosciuto immenso ed egual talento a chi, seppur partendo svantaggiato per differenze fisiche o indole tattica, riesce comunque a raggiungere il proprio risultato, nonché la propria apoteosi dell'estetica. Tutti questi sono aspetti che sottolineano l'importanza della condizione psicologica. Incontrare un maestro del pugilato di rimessa è snervante, fa "sragionare", innervosire e perdere le staffe, o meglio, fa perdere la concentrazione. Eh sì, ne serve davvero tanta di serenità e concentrazione per inquadrare e saper come interpretare un match contro un avversario maestro nella boxe di rimessa. Mantenere la calma, tagliare sensatamente la strada, aspettare il momento giusto per affondare l'attacco ed essere sempre pronti per poter agire esattamente al momento giusto e cogliere l'attimo. Con scaltrezza e cervello. Tanto quanto serve estremo sangue freddo, coraggio e concentrazione a colui che invece decide di boxare di rimessa. Saper girare sempre dal lato giusto, calcolare al millimetro gli spazi in modo da uscire dai colpi quel tanto che basta per poi essere in grado di reagire col contrattacco, e quindi uscire, spostarsi, danzare e rientrare in quei centimetri sufficienti ad andare a segno senza rimanere subito senza fiato.

Non esiste una tattica che sia universalmente vincente nel pugilato. Certamente però sarà avvantaggiato chi sa usare meglio il cervello. In questo senso come vedremo tra poco, l'arma spesso vincente è proprio l'intelligenza. Aspetto che tra i tanti pugni in testa e lo stress fisico esasperato oltre ogni umana comprensione di una ripresa di pugilato, si può tradurre in un solo modo: serenità psicologica.

Fa poi molto male vedere per esempio come funzionano i verdetti in Italia, soprattutto a livello dilettantistico. Dove molto spesso si cerca di premiare a prescindere la maggiore attività di uno dei due contendenti, in poche parole la sua aggressività. Colpi a segno a parte, in Italia spesso si assiste alla tendenza a punire il pugilato di rimessa con verdetti o arbitraggi poco sensati. Si tratta a mio avviso di uno dei tanti aspetti che hanno demolito nel tempo la nostra tradizione pugilistica.

a) Tattica sulle guardie opposte

È ora opportuno fare un veloce riferimento alla tattica da adottare sulle guardie opposte. Supponiamo sempre per ragioni di comodità narrativa, di essere in guardia regolare e di incontrare un mancino.

Le soluzioni da adottare sono principalmente due. È come trovarsi di fronte a uno specchio. Va da sé concludere che la tattica puramente lineare risulta scomoda e inefficace. La prima cosa da tener presente è che per le stesse ragioni, faccio grande fatica ad arrivare a bersaglio col jab. Devo allora fare molto affidamento sul diretto – tattica che già di per sé nasconde non pochi pericoli – ma devo pensare che le difficoltà a cui mi troverò di fronte, sono le stesse con cui dovrà confrontarsi il mio avversario. È vero che la maggior parte dei pugili sono impostati in guardia regolare e quindi un mancino sarà più abituato a boxare un avversario in guardia falsa rispetto alla sua, ma va detto che soprattutto ad alti livelli, un pugile deve essere in grado di trovarsi a suo agio in entrambe le situazioni. Le due soluzioni cui si è fatto riferimento sopra, quindi, prevedono un approccio laterale. Se decido di avvicinarmi spostandomi a sinistra sto cercando di uscire dal jab del mio avversario e quindi dalla sua potenziale azione con i diretti e i colpi più pericolosi. Si tratta quindi di una soluzione più sicura ma che richiede grande scelta di tempo. Se invece decido di avvicinarmi spostandomi a destra, sto cercando di sistemarmi in posizione più frontale rispetto al mio avversario: soluzione che da un lato mi offre più bersaglio e mi permette di essere più pericoloso e aggressivo, ma che dall'altro mi espone inevitabilmente al rischio di incontrare colpi di potenza. Sebbene lo scontro alla corta distanza prevede una reciproca posizione più frontale, è difficile che pugili in guardia falsa si misurino in questo modo. Questo perché da un lato sprecherebbe i vantaggi di combattere in guardia diversa, mentre dall'altro compirebbe una scelta "innaturale": è molto più istintivo infatti girare attorno all'avversario dal lato sinistro per chi è in guardia regolare – e dal lato destro per chi è mancino – soprattutto se si sceglie di non rischiare troppo. In questo senso si viene spesso a creare fra pugili in guardia diversa, quella dinamica da pugilato di rimessa reciproca, fatta di incroci e colpi d'incontro.

15. Combinazioni

In tanti manuali di boxe si arriva al capitolo «combinazioni» e ci si trova di fronte a un elenco interminabile di sequenze pugilistiche che in realtà non rappresentano nulla di funzionale per l'apprendimento. Mettere i colpi in sequenza in maniera sensata è come al solito un argomento legato al particolare pugile che si prende in analisi, e sarà lui stesso a perfezionare l'esecuzione delle sequenze più congeniali e lo farà in palestra, al sacco o sul ring a fare sparring, non certo leggendo un libro.

Quello che invece credo possa essere utile riportare tra le righe di un manuale quando si parla di combinazioni, è che queste possono consistere in una varietà infinita di sequenze e non è importante da quanti o quali singoli colpi sono formate, quanto piuttosto considerare quanto segue:

– Posso portarle da fermo o spostandomi in qualsiasi direzione. Questo mi rende libero di interpretarle alla corta, alla media e alla lunga distanza, quanto di adattarle alla boxe che prediligo, sia essa aggressiva, lineare, frontale, laterale o di rimessa. Posso infine decidere di variare obiettivo al loro interno, vale a dire che posso combinare al volto o al corpo, o alternare le due cose.

– Devono seguire una naturale escalation di potenza e non devono essere tirate in maniera contratta. Più il movimento sarà sciolto e naturale, più si concretizzerà un incremento di incisività del colpo successivo. Vale a dire che il primo colpo non sarà semplicemente parte di una sequenza, ma servirà a dare più potenza al secondo, che quindi darà ancora più potenza al terzo e così via. Il movimento della combinazione deve essere armonico e se tiro una combinazione contratto finirò per mettere colpi singoli e lenti messi semplicemente in sequenza. Concludiamo quindi, che una combinazione non è una semplice sequenza di colpi, bensì una sequenza di colpi racchiusi in un'unica azione.

Abbiamo visto nelle prime pagine come Joe Calzaghe sia stato in grado di mettere una combinazione di tredici colpi (di cui i primi dodici a segno) sul povero Jeff Lacy. Ma si tratta di eventi che sfuggono all'umana comprensione. Nella limitata lista che segue vengono riportate le principali e classiche combinazioni di due, tre e quattro colpi. Credo siano ben più che sufficienti.

Combinazioni di due colpi

- Jab + jab
- Jab + diretto destro (uno-due)
- Jab + montante destro
- Jab + gancio destro
- Jab + gancio sinistro
- Jab + montante sinistro
- Diretto destro + jab
- Diretto destro + gancio sinistro
- Diretto destro + montante sinistro
- Gancio sinistro + diretto destro
- Gancio sinistro + montante destro
- Gancio destro + gancio sinistro
- Gancio destro + montante sinistro
- Montante sinistro + diretto destro
- Montante sinistro + gancio sinistro
- Montante sinistro + gancio destro
- Montante sinistro + montante destro
- Montante destro + gancio sinistro
- Montante destro + montante sinistro

Combinazioni di tre colpi

- Jab + jab + jab
- Jab + jab + diretto destro
- Jab + jab + montante destro
- Jab + jab + gancio destro
- Jab + diretto destro + jab (uno-due-tre)
- Jab + montante destro + gancio sinistro
- Jab + gancio destro + montante sinistro
- Jab + jab + gancio sinistro
- Jab + montante sinistro + gancio sinistro
- Diretto destro + diretto sinistro + diretto destro
- Diretto destro + gancio sinistro + diretto destro
- Diretto destro + montante sinistro + diretto destro
- Diretto destro + gancio sinistro + montante destro
- Gancio sinistro + diretto destro + gancio sinistro
- Gancio sinistro + montante destro + gancio sinistro
- Gancio destro + montante sinistro + diretto destro
- Gancio destro + gancio sinistro + diretto destro
- Gancio destro + gancio sinistro + montante destro
- Montante sinistro + diretto destro + gancio sinistro
- Montante sinistro + gancio destro + gancio sinistro
- Montante sinistro + montante destro + gancio sinistro
- Montante sinistro + montante destro + montante sinistro
- Montante destro + gancio sinistro + diretto destro
- Montante destro + montante sinistro + montante destro

Combinazioni di quattro colpi

Consideriamo ora il fatto che più colpi racchiudo in una combinazione, più la sequenza può essere variegata ed efficace. Cerchiamo quindi di riportare solamente le più canoniche (e soprattutto meno rischiose) combinazioni di quattro colpi.

– Jab + jab + diretto destro + jab
– Jab + diretto destro + jab + diretto destro
– Jab + diretto destro + gancio sinistro + diretto destro
– Jab + montante destro + gancio sinistro + diretto destro
– Jab + montante sinistro + gancio sinistro + diretto destro
– Jab + diretto destro + montante sinistro + montante destro
– Diretto destro + diretto sinistro + diretto destro + diretto sinistro
– Diretto destro + diretto sinistro + montante destro + gancio sinistro
– Diretto destro + diretto sinistro + montante destro + montante sinistro
– Montante sinistro + montante destro + gancio sinistro + diretto destro
– Montante sinistro + montante destro + montante sinistro + montante destro
– Montante destro + gancio sinistro + diretto destro + gancio sinistro
– Montante destro + montante sinistro + diretto destro + diretto sinistro
– Montante destro + montante sinistro + gancio destro + gancio sinistro
– Montante destro + montante sinistro + montante destro + montante sinistro

PARTE QUARTA
ALLENAMENTO

16. Psicologia dell'atleta

Il pugilato ha poteri strani. Quando il pugile è donna, vale a dire "la pugile", si scatena una forza psicologica sovrumana. La donna è psicologicamente più forte dell'uomo. Ne conseguono aspetti tecnici notevoli. Difficilmente la donna è contratta, e quindi sarà più elegante ed efficace. Sa ascoltare di più e si applica di più. È padrona del proprio corpo e dei propri movimenti molto di più di quanto non lo sia l'uomo. Forse è per questo che si sta investendo tanto nel pugilato femminile. Non c'è che dire, le donne imparano subito e sono più brave, eleganti ed estremamente tecniche, nonché intelligenti a livello tattico. Guardare il pugilato femminile è un tripudio per quegli appassionati che nella boxe cercano classe, tecnica e grazia, e non solo una rissa da bar. Diverso è per gli uomini. Deboli cagasotto.

Abbiamo varcato la soglia della palestra, abbiamo compiuto il grande e fatidico passo. Abbiamo resistito a non farci intimidire da tutti quei rumori, quei rantoli e quelle urla. Quella puzza. Abbiamo resistito agli sguardi sconcertati e di sfida di alcuni e ci siamo ritrovati a casa rispondendo ai sorrisi di altri. Ma abbiamo ammirato tutti indiscriminatamente, anche se la soglia della palestra l'abbiamo varcata solo per curiosità. Magari quella curiosità dettata dalla passione verso quella pericolosa realtà – bella ma dannata, molto dannata – la curiosità insomma di vedere com'è fatta sul serio la boxe. E magari, perché no, rimettersi in forma. Ci sarà il maestro che dirà: «Non ti preoccupare, sul ring ci sali solo se vuoi tu», e allora ci sentiremo al sicuro. «Non vogliono il mio sangue quei vampiri coi guantoni, sono persone "normali". Non vogliono sbriciolarmi il naso o farmi altre robe indicibili al primo allenamento», come raccontano le solenni stronzate stile leggenda metropolitana. E allora si può stare sereni e rilassati, tanto noi vogliamo solo imparare la tecnica, sfogarci al sacco e ammirare gli altri pugili, stargli vicino, come al cospetto di un supereroe. «Tanto lassù ci andrò solo se lo voglio, l'ha detto il maestro, quindi col cazzo che ci salirò mai lassù». E poi finisce che dopo nemmeno due settimane di allenamento, magari, ti ritrovi proprio lì. E l'hai deciso tu. Nessuno ti ha obbligato a salire sul ring con quel matto che ti corre dietro e ti vuole dare un sacco di botte. Che strano, ne sono successe di cose in due settimane. La prima sentenza che avevamo espresso era stata drastica e irrevocabile a fine allenamento nello spogliatoio, col primo amico che ci siamo fatti: «Che cosa?! Cinque giorni di allenamento poi i guanti al sabato?! Ma voi siete completamente fuori di testa, io ne faccio al massimo due alla settimana di allenamenti così». Poi però era andata a finire che la prima settimana di allenamenti già se n'erano fatti tre. E la seconda settimana cinque. Che poteri strani ha la boxe. Ho visto agnellini diventare pantere e leoni trasformarsi in conigli. I primi guanti, i primi lividi e il naso che sanguina. I polmoni che bruciano. Cresce in un secondo la nostra dipendenza da palestra e i guanti non si possono evitare, anche se si sarebbe voluto tante volte rispondere al maestro «oggi no», ma non l'abbiamo fatto. Perché ci saremmo sentiti vuoti, infastiditi, perché in quel caso non avremmo di certo fatto nessun torto al maestro, ma piuttosto a noi stessi, perdendo quella briciola di occasione in più per migliorare. Un pugile non dice mai di no al pugilato. Anche se deve allenarsi e non ne ha voglia. Anche se deve fare i guanti e non ne ha voglia. Anche se deve accettare di disputare il suo primo match. E ha paura. Non importa. Al pugilato, un pugile non dice mai di no.

Esaltazione, carica e motivazione. Il pugile non sta più nella pelle, sta finalmente per affrontare il suo primo match. E si sente un leone, corre per cinque chilometri senza perdere un millimetro cubo di fiato, si scalda una mezz'ora abbondante, di riprese al sacco ne fa anche dieci, cariche, e ne fa tre sul ring a vuoto, con i pesetti da un chilo stretti nel pugno e le cavigliere da un chilo e mezzo legate in fondo alle gambe. Poi appoggia i pesi, toglie le cavigliere e ora vola, di nuovo, tre riprese a vuoto sotto pressione a ritmo indiavolato per simulare l'incontro. Poi una bella sessione di vuoto a scalare, studiando e ripassando tutte le strategie tecnico-tattiche che ha preparato col maestro. Un po' di addominali.

Stretching dinamico. E la doccia. Mancano due giorni. E il pugile è pronto. È una macchina perfetta. Il peso è sotto controllo, la tecnica c'è. La tattica è chiara. Il corpo è in suo dominio. Risponde a ogni stimolo, sembra quasi che i movimenti arrivino addirittura prima dello stimolo stesso. «Ma come? Non è possibile tutto questo! Come no, certo che è possibile!», si rincuora il pugile: «La boxe ha poteri strani! E ha reso i movimenti automatici! Il corpo va più forte della testa!».

È il giorno del match. E il pugile non ha chiuso occhio. Sorride, scherza, cammina dinoccolato con la borsa a tracolla, proprio come fanno i pugili. Ma sta fingendo. Il pugile se la sta facendo nelle braghe. Sorride e saluta chi è venuto a vederlo e l'unica cosa che pensa è: «Ma che cazzo mi è saltato in mente. Si stava così bene quando si andava a vedere combattere gli altri! E poi che cazzo ci fanno qui tutti questi... Perché sono venuti a vedermi?». Eh no, caro pugile, il corpo non va più veloce della testa. Proprio per niente. Arrivano medici, arbitri e commissari di riunione. E si lecca il culo a tutti, come se così facendo qualcuno di loro potesse venirci in aiuto. Magari che so, annullano gli incontri per qualche motivo. Magari il medico decide durante la visita che per qualche ragione non siamo idonei. Ma tanto il pugile già lo sa. Non succederà nulla di tutto questo. Poi arriva l'ambulanza e al pugile si stringe il culo ancora di più e di nuovo pensa: «Ma chi cazzo me l'ha fatto fare». Arriva l'avversario e il pugile gli sorride, vuole salutarlo, conoscerlo, dargli la mano e presentarsi, ma il maestro lo riprende: «Lascia stare. Lo saluti poi alla fine». E l'avversario fa uguale. Sorride, ma il maestro lo riprende. Si sta cagando sotto anche lui, l'avversario. Poi lo si osserva mentre si riscalda, si cerca di capire se davvero ha paura anche lui, se possa far male, se possa essere un talento. Per lunghi, interminabili e insopportabili minuti. I pugili salgono e scendono dal ring, incontro dopo incontro, non è Las Vegas qui, ma un freddo palasport con le luci al neon e i pugili salgono e scendono dal ring senza tanti fronzoli, come se due giganti invisibili giocassero a briscola e il ring fosse il tavolo da gioco, loro le carte. «Ma cazzo, non c'è nessun rispetto per chi sale sul ring a darsele di santa ragione!», ogni scusa è buona per trovare una ragione per lamentarsi e fare isterica polemica in quei lunghi, interminabili e insopportabili minuti.

Poi arriva il momento fatidico. Si sale sul ring. E le opzioni sono due:

– Quanto provato fino a un istante prima non esiste più. Siamo sul ring ora, siamo nel nostro habitat. E si vola, ci si diverte e si fa quello che si ama. Nove minuti della nostra vita, per cui abbiamo aspettato tanto tempo e per cui tanto ci siamo preparati. Qualunque sia il verdetto siamo lassù, in cima al mondo, tra quelle sedici corde, i neon, i vecchi scorbutici appassionati e il freddo palasport. Non importa se si perde, si pareggia o si vince, stiamo facendo quello che va fatto. Combattere alla grande, mettere in pratica quello che abbiamo imparato. Nel migliore dei modi, o meglio come vogliamo noi, o come ci consigliano dall'angolo. Chi se ne frega dei campioni del mondo. Chi se ne frega di Las Vegas. Non esiste nient'altro. Solo la boxe.

– È l'inferno. Il ring è piccolo. L'altro non ha paura, o meglio, la paura la sta controllando e lo fa molto bene. E non ci riesce nulla. Ce ne stiamo lì, sbilenchi come marionette a farci picchiare. Non c'è nulla che riesca a scuoterci. Il maestro urla dall'angolo ma non serve a niente. Quello che dice non ha senso, nulla ha senso. Si torna all'angolo, è la fine della prima: chi sta a bordo ring ci guarda con aria severa e piena di vergogna. La nostra vergogna dipinta sui loro volti. Il maestro ci chiede: «Cos'è fa male?», non riesce proprio a capire perché non siamo in grado di combinare nulla e quindi si preoccupa, magari abbiamo preso un colpo duro. «No, no!» rispondiamo come se andasse tutto bene. Ma non c'è una cosa sola che vada bene. Si riprende e i polmoni scoppiano, i muscoli sono contratti, siamo prevedibili anche se prendiamo pochissima iniziativa. Lo sentiamo l'angolo gridarci consigli ma con perizia a eseguirli è il nostro avversario. Il maestro ci urla: «Parti tu!», e invece parte lui e ce le dà di santa ragione. E così fino alla fine.

Qual è il meccanismo che scatta nella testa di una persona e che la rende incapace di riuscire fare ciò che sa fare meglio e che magari ama di più? Ansia da prestazione? Sembra una battuta, ma direi proprio che si tratta di quello. Si è parlato all'inizio delle tre tipiche paure del pugile. Bene. Siamo di fronte alla famosa «paura di fare una figura di merda». Il pugile che sale sul ring non pensa al dolore. Non pensa al fatto che può farsi male e che su quella barella accanto all'ambulanza di servizio, potrebbe finirci proprio lui. Il pugile è narcisista e ha paura di fare una figura di merda. Ansia da prestazione, così si chiama. O in altri termini potrebbe definirsi «l'ora della verità», il «momento in cui i nodi vengono al pettine». A me invece piace chiamarla «l'ora della sincerità». Eccoci lì, imputati in un processo fatto di saltelli, ganci, diretti e montanti, pronti a dover vuotare il sacco di tutte le balle che abbiamo raccontato in palestra, al nostro corpo, al maestro, ai compagni e a noi stessi. O meglio, ecco il nostro corpo sulla graticola dei condannati: «Grandissimo pezzo di merda, quante balle hai raccontato al mio cervello!». Il nostro corpo ci ha fatto credere di essere pronti e invece non ha retto dieci secondi di match. È il panico. E cosa ci consiglia il panico, altro grandissimo pezzo di merda? Di reagire a freddo, d'istinto, senza ragionare di nuovo. Siamo scesi dal ring sabato sera, oggi è lunedì pomeriggio e ancora siamo in balia del panico e "sragioniamo", elucubriamo soluzioni idiote. Ce ne siamo sbattuti le palle del consiglio del maestro che ci aveva suggerito di rilassarci un paio di giorni. «Allenati di più!», ci consiglia il panico. «Ma come si fa ad allenarsi di più del massimo», risponde il cervello. «Non esiste il massimo», ribatte il panico. E quindi si corre dieci chilometri invece che cinque, di riprese cariche al sacco se ne fanno venti e così via. Poi dopo due settimane si torna a combattere e se ne prendono di più della prima volta.

Il bravo maestro invece, colui che non deve sentirsi «quello che ha perso il match», dal momento che il match non è stato lui a disputarlo, deve mantenere il sangue freddo. E aiutare il suo pugile. Fargli capire che il suo problema non dipende dall'allenamento, ma dalla sua testolina bacata. Un bravo maestro è un grande psicologo. Ogni pugile una terapia. C'è chi ha bisogno del bastone, quindi bastonate siano. Chi della carota. E allora verdure siano.

Troppi manuali hanno speso pagine su pagine sulle tecniche di preparazione psicologica del pugile, ma credo ancora una volta che la strada da percorrere sia – a maggior ragione in questo caso – individuale. Il lavoro psicologico dell'allenatore dovrebbe consistere nell'individuare quel delicatissimo e precario equilibrio che si va a formare tra lo stress che presuppone l'adeguata preparazione atletica e le personali soddisfazioni del pugile. Lasciarlo allenare come meglio crede e nella maniera a lui più congeniale e per lui più "rilassante", pur sempre controllando che ciò non comporti un calo a livello di preparazione. Un buon allenatore deve diventare amico del proprio pugile, deve interessarsi della sua vita al di fuori della palestra, e non "fare finta" di interessarsi. Uscire insieme a lui, offrirgli una bevuta, se vuole un the che allora sia the, se vuole una birra che sia una birra. Proibire non serve a nulla. Tu proibisci qualcosa a qualcuno e quel qualcuno desidererà quel qualcosa sempre di più. Serve invece mettere il pugile di fronte alla realtà. «Fumi? Bene. Cazzi tuoi». Poi mano a mano che gli allenamenti e la preparazione saliranno di intensità lo capirà da solo che forse è il caso di smettere o quanto meno rallentare significativamente. Diversamente capirà di non essere in grado di proseguire. E allora smetterà di allenarsi. Ma in quel caso il maestro non avrà perso un pugile, ma semplicemente uno che non aveva voglia. Ci sono maestri che impediscono agli allievi di bere acqua durante l'allenamento. Che senso ha? Altri sostengono che un maestro, anche se ancora giovane o addirittura ancora in attività, non dovrebbe fare i guanti con i propri allievi perché: «Al primo colpo che ti metteranno, perderanno tutto il rispetto che hanno nei tuoi confronti». Ma vi rendete conto invece della carica emotiva di cui potrebbe godere un giovane pugile nell'aver infilato un gran colpo al proprio maestro? Per quale motivo dovrebbe esserci un calo di rispetto da parte di un allievo nel momento in cui dovesse superare il maestro? Non è proprio in quel momento in cui l'allievo supera il maestro che si concretizza il successo stesso del maestro? Non è forse il ring il luogo più intimo per due persone che al pugilato stanno consacrando la loro vita?

Un maestro deve capire il proprio allievo e l'allievo deve capire il proprio maestro. La complicità è l'unica virtù che può portare alla più grande fiducia, e tra una persona (il pugile) che mette la propria vita e la propria salute nelle mani di un'altra persona (il maestro) non può che esistere fiducia piena. Il maestro deve essere la persona che ti vuole bene, che sai che ti sta vicino e non ti mente, la persona che ti protegge, che è capace di farti sorridere quando te la stai facendo sotto prima di salire sul ring e che allo stesso tempo non ti fa perdere la concentrazione. In poche parole la persona di cui più ti fidi. Solo così si vince il panico. Rendendosi conto di non essere soli.

C'era un pugile che fumava e beveva. Il maestro per questo motivo non si rivolgeva a lui con il suo nome, ma con «testa di cazzo» o «pezzo di merda», tuttavia si volevano un gran bene. Per un mese intero, prima di ogni incontro, il pugile smetteva di fumare e non toccava nemmeno un goccio di birra. In quel mese litigava con tutti, trattava male la gente al lavoro e faceva altre cazzate da matto. In più quando arrivava il giorno dell'incontro bella figura non la faceva proprio. Allora il maestro gli disse: «Se proprio devi dare di matto, fumatela una sigaretta al giorno e magari fatti anche una birra piccola o un bicchiere di vino rosso». Così cominciò prima a fumare una sola sigaretta e bere un solo bicchiere di vino al giorno durante il periodo di preparazione ai match, poi continuò così anche nei periodi di riposo. Il suo morale migliorò notevolmente e la sua carriera fu da quel momento brillante. La cosa bella è che col passare degli anni, in questo modo, piano piano e da solo, quell'ex pugile ha totalmente smesso di bere e di fumare. Ora è un ottimo maestro.

C'era invece un altro ragazzo che adorava il pugilato ma era estremamente emotivo. Diceva che correre lo rilassava e lo faceva sentire pronto. E allora lui correva e correva, ore e ore al giorno. Sul ring tentennava, andava spesso in apnea, ma nonostante questo ostinatamente proseguì la carriera fino al professionismo. A quel punto le tabelle del preparatore atletico dovevano seguire un iter specifico e lui, secondo quei calcoli, perdeva troppo tempo a correre. Così glielo impedirono. La sua rendita in allenamento scese vorticosamente, tanto che in molti cominciarono a pensare che non fosse adatto per il professionismo. Poi di nascosto riprese a correre. Ore e ore, ogni giorno oltre al duro allenamento e anche il sabato e la domenica. Correva e correva con la musica nelle orecchie. Diceva che era l'unica cosa che lo rilassava. Disputò una grande carriera fino a diventare un grande campione. Ora non parla più né col suo allenatore di allora, né col suo preparatore atletico. Anche lui insegna e lo fa molto meglio del suo vecchio maestro.

Fare la boxe è un mestiere, o uno sport, da praticare da soli. Non esiste nell'immaginario comune uno stereotipo della solitudine sportiva meglio incarnato se non quello del pugile. E invece non è così. Il pugile non è solo, ha il suo angolo che gli sta vicino. I compagni della palestra. A volte potrebbe avere addirittura tutta una squadra al proprio fianco, come nel calcio o nel rugby. Ma come si fa a parlare di squadra nel pugilato? Beh, la nazionale è una squadra. C'è una bella differenza a sentirsi soli o in squadra. Un professionista ha il suo angolo e il suo manager, un pugile della nazionale ha una squadra. Gli allenamenti sono comuni e collettivi, non specifici. Il tifo, il calore e l'appoggio quando si sale sul ring sono quelli di una squadra intera. È forse per questo che a Cuba, dove non esiste il professionismo e la squadra nazionale rappresenta il massimo obiettivo, il pugilato è vissuto come uno sport di squadra e non individuale. A livello psicologico un pugile non si sentirà mai solo e il suo approccio al pugilato, al ring e al più alto agonismo sarà più sereno.

17. Modalità generale di allenamento

Come per qualsiasi altro aspetto riguardante il pugilato, anche le metodologie di allenamento hanno sempre sollevato scontri e perplessità. Per quanto mi riguarda accolgo in maniera positiva gli ultimi sviluppi sulla teoria dell'allenamento, progressi che guarda caso vengono inquadrati spesso come eresie dagli allenatori più anziani, di cui però non bisogna dimenticare la maggiore esperienza su altri campi.

In primis occorre chiarire cosa s'intende per allenamento. In termini molto teorici per allenamento s'intende:

> Quel processo atto a indurre degli adattamenti biologici tali da permettere un miglioramento di determinate qualità specifiche. Il **carico esterno** è l'insieme degli stimoli stressanti a cui l'atleta si sottopone. Gli adattamenti dell'organismo sono una conseguenza del carico imposto, di conseguenza, il **carico interno** rappresenterà l'effetto del carico esterno sull'organismo e consisterà in adattamenti fisiologici.
> Al fine di ottenere una stabilizzazione dei risultati ottenuti e un incremento delle qualità ricercate è necessario stressare l'organismo con carichi di lavoro di entità progressivamente crescente.
> Il processo allenante induce modificazioni metaboliche e fisiologiche specifiche in risposta al tipo di sovraccarico imposto.
> Un programma allenante deve quindi essere mirato alle qualità ricercate.
> Esistono differenze individuali tra soggetto e soggetto, derivanti da patrimonio genetico, livello d'allenamento, fattori ambientali, ecc.
> Gli effetti dell'allenamento sono ottimizzati se l'entità del lavoro imposto è trattata sulle capacità individuali e su un obiettivo specifico posto in base alle reali possibilità del singolo.
> La supercompensazione, ovvero il miglioramento delle qualità allenate, avviene solo dopo che il sistema ha ripristinato le condizioni antecedenti l'avvento dello stress allenante. Il sottoporre il sistema a nuovi stress prima dell'avvenuto recupero provoca ulteriori danni fino a sfociare nel sovrallenamento.
> Al fine di ottenere il massimo incremento delle qualità ricercate è necessario fornire un nuovo stimolo allenante una volta raggiunto l'adattamento, prima che la condizione fisica inizi a decrescere.

In definitiva si può riassumere il tutto dicendo che l'allenamento è un progressivo innalzamento delle nostre capacità di prestazione basato su stimoli volta per volta maggiori, e che tra uno stimolo è l'altro è necessario concedere un determinato tempo di recupero e adattamento al nostro organismo.

Per quanto riguarda il pugilato, che è uno sport estremamente completo in quanto stimola in maniera stressante ogni parte del corpo – ma che non garantisce una continuità costante dell'attività agonistica – è importante rimanere sempre a un certo livello di preparazione per non dover ogni volta sottoporre il nostro stato fisico a uno stress troppo elevato. In poche parole, una volta ottenuto un livello di forma soddisfacente è importante cercare di mantenerlo anche se non si dovesse essere in prossimità di un incontro, pena doversi trovare successivamente nella condizione di doversi allenare il doppio sottoponendosi ai conseguenti e inevitabili stress psicologici.

Va ora considerato che quando devo affrontare una preparazione specifica per il pugilato, mi ritroverò a dover allenare un tipo di forza particolare, vale a dire la **forza esplosiva**. L'esplosività si definisce come la capacità del sistema neuromuscolare di aumentare bruscamente il livello delle forze che esprime. Che tradotto per comuni mortali, si può interpretare in questo modo:

> Un colpo esplosivo (e quindi rapido) che manifesta tutta la sua potenza nell'impatto, non solo ha più possibilità di giungere a bersaglio, ma mette il pugile nella condizione di rientrare in brevissimo tempo nella posizione di guardia. Inoltre, se anche il colpo esplosivo così portato dovesse giungere sulla guardia avversaria potrebbe avere, comunque, sul nostro avversario effetti negativi:
>
> – dal punto di vista fisico, perché i colpi accusati, anche se non a segno, provocano dolore e possono causare traumi.
> – dal punto di vista psicologico, perché l'avversario percepisce l'efficacia delle nostre azioni d'attacco (il messaggio tra le righe è che non può distrarsi), contribuendo in questo modo ad aumentarne l'ansia.

Ora senza addentrarci nel dettaglio per spiegare i concetti specifici di **forza massima** e **forza resistente**, il che presupporrebbe un contesto di analisi biomeccanica dell'allenamento, accontentiamoci di constatare che lo sviluppo della forza esplosiva presuppone l'allenamento sia della forza che della resistenza. In poche parole dobbiamo allenare la forza massima e la forza resistente in maniera funzionale e massiccia, di modo che ci si possa concentrare al meglio sull'allenamento specifico della forza esplosiva. In questo senso bisogna considerare che, sebbene nel pugilato l'atleta non si trovi mai a esprimere la sua forza massima in quanto le necessità tecniche e il fine della boxe non si raggiungono mediante questo tipo di espressione, va allo stesso tempo sfatato il mito secondo cui si debba per forza "vietare" l'utilizzo di sovraccarichi (stiamo quindi parlando dell'utilizzo dei pesi). Spesso nelle palestre di pugilato il concetto di forza massima è trattato come un aspetto trascurabile o addirittura estraneo a questo sport. Ora per allenare efficacemente la forza massima non si può prescindere dall'utilizzo di sovraccarichi, in quanto a un livello elevato di forza massima corrisponde un alto livello di forza esplosiva.

Si è individuato a grandissime linee e senza mai prescindere dal carattere soggettivo cui dovrebbe corrispondere una prassi di allenamento specifica che il pugile, per effettuare un allenamento mirato di forza massima che sviluppi solo gli adattamenti necessari alla prestazione, deve rispettare i seguenti criteri di pianificazione:

– Considerare che il carico di lavoro deve essere progressivo.

– Il carico di lavoro non può essere inferiore al 70% del carico massimo (vale a dire del massimale, per il cui calcolo esistono apposite tabelle).

– La frequenza di questo tipo di allenamento settimanale non deve essere inferiore alle due sedute.

– Tale allenamento deve essere protratto per almeno sei, otto settimane.

Per quanto riguarda il rapporto che invece intercorre tra forza esplosiva e forza resistente, dobbiamo considerare il fatto che le tipiche "gestualità" del pugile, e più in generale le sue capacità atletiche, dipendono dalla frequenza della capacità ripetitiva di tali azioni e quindi dalla resistenza.

Se quindi ora dovessimo provare a individuare in cosa possa consistere la vita atletica di un pugile sulla base dell'allenamento dobbiamo provare a inserire gli stimoli volti all'incremento di forza massima e resistente necessari a un buono sviluppo di forza esplosiva in una scala temporale. In questa scala inseriremo anche uno step ulteriore che non può essere escluso nella preparazione di un pugile, vale a dire l'allenamento specifico delle sue capacità tecnico-tattiche e quindi la preparazione del match. Svilupperemo dunque un'ipotetica tabella di allenamento del pugile basata sui concetti di **macrociclo** di allenamento, **mesociclo**, **microciclo** e **seduta**.

– Per **macrociclo** s'intende un lungo periodo di allenamento che potremmo inquadrare "nell'anno", si tratta quindi di avere a che fare con la "vita atletica" del pugile.

– Per **mesociclo** s'intende il periodo specifico di preparazione al raggiungimento di un obiettivo, vale a dire la preparazione del match, solitamente identificato in un bimestre.

– Per **microcicli** s'intendono quelle parti del mesociclo che dedichiamo a un certo tipo di allenamento o allo sviluppo specifico di un'eventuale elemento e si identifica solitamente nella settimana.

– La **seduta** è ovviamente la singola seduta di allenamento, quindi "il giorno".

Sarà quindi nel mesociclo che concentrerò la specifica preparazione atletica necessaria per affrontare un match. Va di conseguenza constatato che una volta affrontato il match e quindi terminato il mesociclo, più il mio macrociclo sarà organizzato con l'obiettivo di mantenere alto il livello di allenamento, tanto meno sarà lungo il mesociclo successivo; allo stesso tempo il mesociclo successivo potrà essere tanto più efficace in un ipotetico contesto volto all'incremento del mio livello generale di preparazione.

Normalmente la preparazione viene a grandi linee affrontata in questo modo:

– Per le prime 3-4 settimane (microcicli) ci si concentra sulla preparazione della forza. Si alterneranno quindi tre allenamenti di forza (per esempio il lunedì, il mercoledì e il venerdì) con tre allenamenti di resistenza (eventualmente il martedì e il giovedì).

Un'ipotetica seduta di allenamento per lo sviluppo della forza potrebbe svilupparsi in questo modo:

– Riscaldamento e stretching (rigorosamente dinamico), dai 20 ai 45 minuti
– 3-5 round di allenamento della forza (pesistica, circuiti specifici effettuati in sovraccarico, *circuit training*, *crossfit*, ecc.). Stiamo qui ragionando in round ma si può tranquillamente fare riferimento a tabelle specifiche per l'incremento della forza basate sulle serie
– 2-4 round di recupero (vuoto a scalare, prima con i pesetti poi senza nulla)
– Addominali
– Stretching dinamico

Per le seconde 3-4 settimane il tipo di preparazione sarà invertito, e si alterneranno tre giorni volti all'incremento della resistenza a due volti alla preparazione della forza.

Anche qui e sempre a grandi linee, vediamo in cosa potrebbe consistere un'ipotetica seduta di allenamento della resistenza:

– Corsa dai 20 ai 45 minuti
– Riscaldamento e stretching dai 20 ai 45 minuti
– 3-6 round di ripetute al sacco, aumentando di intensità e diminuendo il recupero round per round

Per esempio: 1 round 30 secondi di ripetute x 30 di recupero, 2 round 20 x 20, 3 round 10 x 10, e così via. Consideriamo il fatto che anche in questo caso possiamo decidere di lavorare con un minutaggio diverso dal tipico «3 minuti di attività, 1 di recupero» che si utilizza sulla base delle durate dei round. Un esempio frequentemente utilizzato è per esempio: 11 minuti di attività a 30 x 30, 1 minuto di recupero, 7 minuti di attività a 20 x 20, 1 di recupero, 3 minuti di attività a 10 x 10.
– 2-4 round di recupero a vuoto
– Addominali
– Stretching dinamico

Per i microcicli rimanenti ci si concentrerà invece sullo sviluppo della preparazione tecnico-tattica e psicologica (per chi non dovesse lavorare sull'aspetto psicologico del pugile in maniera costante durante tutto l'anno).

In questo senso una seduta di allenamento specifico potrebbe essere organizzata in questo modo:

– Eventuale corsa dai 20 ai 45 minuti
– Riscaldamento e stretching dinamico dai 20 ai 45 minuti
– 3 round di vuoto la cui intensità dovrebbe dipendere dallo stato di preparazione dell'atleta
– 3 round di lavoro ai colpitori col maestro, anche in questo caso con intensità variabile in base alla preparazione
– 5 minuti di stretching dinamico
– 5 minuti di rilassamento muscolare
– 5 minuti (per i più fortunati) di massaggio

Ovviamente lo sviluppo della preparazione tecnico-tattica del pugile, sia esso interpretato con l'utilizzo di attrezzi specifici (sacchi, pesetti, corda e così via), sia esso volto al lavoro sul ring col maestro o a sedute di sparring, dovrebbe essere a mio avviso affrontato per tutta la durata del mesociclo, ovviamente in maniera proporzionata allo sviluppo della specificità che ogni microciclo richiede.

Un fattore importante da tenere presente consiste nella differenza di preparazione sulla base dei round che si devono affrontare nel match e sulla loro durata. Essere per esempio in grado di affrontare serenamente dieci riprese da tre minuti non significa che sarò in grado di dare il massimo per tre riprese da due minuti. Dobbiamo infatti abituare il nostro corpo a periodi di attività e recupero specifici. Un pugile dovrebbe saper affrontare al massimo le riprese in base alla loro durata, in questo senso la preparazione deve essere volta alla capacità di dare tutto in tre periodi (o round) da un minuto e mezzo (atleti school boys); tre periodi da due minuti (atleti junior); quattro periodi da due minuti (ragazze); tre periodi da tre minuti (atleti youth, senior e elite). Per quanto riguarda i professionisti e i semi professionisti, si tratta di preparare il numero di riprese da tre minuti ciascuna richieste in quel particolare match: quattro, cinque, sei, otto o dodici, a seconda del circuito o federazione in cui combatto o del tipo di titolo in palio. Queste deduzioni si basano sullo studio della differenza tra due tipi di resistenza, quella generale, che è la capacità di sostenere uno sforzo di carattere generale – spesso lontano dal gesto atletico richiesto (di cui l'esempio più comune potrebbe essere la corsa) – e la resistenza speciale, quella che interessa a noi, che consiste nella capacità di sostenere uno sforzo molto vicino a quello di gara.

Un altro aspetto da non sottovalutare è quale tipo di preparazione possa essere considerata idonea ai giovani o ai bambini. Va da sé considerare che ci troviamo all'interno della fase di sviluppo e un tipo di allenamento come quello che si può prevedere per un adulto può considerarsi pericoloso e deleterio quando si ha a che fare con un ragazzino o una ragazzina. In questo senso mi preme far capire che non è assolutamente impossibile ragionare sulla preparazione giovanile in maniera eccellente e allo stesso tempo funzionale all'altissimo rendimento agonistico. Partiamo dal presupposto che quando abbiamo a che fare con un bambino (o comunque un ragazzino) ci troviamo di fronte a un corpo sano e perfetto. A un'indole caratteriale e psicologica serena e volta al più totale apprendimento. Ci troviamo di fronte a personalità da plasmare facilmente anche dal punto di vista del rendimento fisico, lontani dai livelli imbarazzanti di coordinazione sottosviluppata – per colpa di contesti sociali o lavorativi decisamente avversi – tipica degli adulti soprattutto negli ultimi anni. Un ragazzino è un atleta fresco e curioso. In questo senso a Cuba, di nuovo, si può constatare come siano state studiate metodologie di allenamento eccellenti e dal rendimento sorprendente anche a livello giovanile, metodologie che prima di tutto abituano l'atleta a divertirsi fin da piccolo nella pratica di questo sport, arrivando a sviluppare una volta cresciuto una grande serenità psicologica nell'affrontare l'impegnativa carriera agonistica. Una seduta di allenamento specifico durante il periodo di preparazione agli incontri per la categoria undici anni, quella di esordio, è affrontata a Cuba in questo modo:

- 30 minuti di corsa
- 15 minuti di riscaldamento collettivo

– 1 round di sparring condizionato utilizzando solo il jab; 1 round utilizzando solo i colpi tirati con la meno anteriore; 1 round utilizzando tutti i colpi alla corta distanza; 1 round libero utilizzando tutti i colpi
– 3 riprese di colpitori col maestro
– 10-15 minuti tra addominali, rilassamento e stretching a piacere

Per quanto riguarda invece gli allenamenti quotidianamente affrontati durante tutto l'anno, anche al di fuori della specifica preparazione al match, l'allenamento verte comunque allo sviluppo della coordinazione, prevedendo sedute di spostamenti specifici a vuoto coi colpi; alla ricerca della velocità di esecuzione del colpo e non della potenza; all'organizzazione e la gestione collettiva dell'allenamento da parte dei ragazzi stessi. Elementi spesso universalmente considerati fondamentali come possono essere le riprese al sacco, sono a Cuba considerate una punizione. Quando il ragazzino si comporta male viene messo al sacco ad allenarsi da solo, sebbene non per troppo tempo, perché gli impatti causati sul sistema scheletrico e muscolare dall'attività al sacco, sono comunque controindicati nella fase dello sviluppo.

L'atmosfera speciale e il senso di squadra che viene a crearsi tra i giovani delle palestre di quartiere cubane, è da me interpretato come il punto di forza e di partenza della straordinaria metodologia dello sviluppo dell'atleta, fiore all'occhiello del prestigioso sistema sportivo cubano. La gioia di praticare lo sport che si ama arriva a essere più forte della stessa fatica e dell'impegno necessari a poterlo praticare in maniera eccellente.

Concludendo questa parte, possiamo di nuovo considerare quanto sia importante il concetto di equilibrio ogni volta che parliamo di pugilato. Lo abbiamo constatato quando abbiamo parlato di impostazione, di tecnica dei colpi, di tattica e ora lo ritroviamo anche in questa veloce considerazione riguardo le metodologie dell'allenamento. Non importa se si deve ragionare a livello di semplice contrapposizione tra utilità o meno dell'allenamento della forza massima, o tra la prevalenza o meno di validi approcci di attività specifica – voglia essa essere aerobica o anaerobica, oppure lattacida o alattacida – argomenti che di nuovo mi ritrovo a considerare estranei al contesto immaginato tra queste pagine. In entrambi i sensi va confermato che la soluzione giusta è l'equilibrio tra i vari tipi di allenamento e tra le varie tipologie di attività preparatoria, non esiste prevalenza, in quanto la completezza di questo sport richiede la più totale completezza in fase preparatoria.

a) La dieta del pugile

Lo sapete qual è il principale nemico del pugile? La bilancia. Scherzi a parte, la percentuale di pugili che non sembra accusare in maniera significativa questo ulteriore gancio maligno che la boxe riserva è veramente irrisoria. La forza di volontà necessaria a non cedere per mesi alla tentazione di buttarsi dentro una pentola di amatriciana o di stufato di cinghiale, o sdraiarsi su una pizza ultra-condita deve essere immensa, e soprattutto spesso non è sufficiente. Ora il problema è in realtà serio e riguarda da un lato alcune delle regole su cui si è deciso di sviluppare il pugilato stesso – vale a dire la differenziazione delle categorie di peso – e dall'altro l'improbabile trasformazione in luminari della dietologia di tanti maestri. Con risultati catastrofici. Il pugilato è organizzato in categorie di peso. Da sempre una regola non scritta suggerisce di inseguire ostinatamente la categoria di peso inferiore e questo succede per svariate ragioni di cui a mio avviso solo una è sensata: con meno ciccia addosso abbiamo meno peso da spostare e in generale siamo più agili. Si dà il caso invece che la ricerca ossessiva del peso inferiore sia spesso attribuita al tentativo di guadagno di qualche centimetro di altezza (come se per forza uno che pesa tre chili in meno di me debba essere automaticamente più basso), oppure la ricerca di potenza inferiore nei pugni dell'avversario (come se calando di tre chili, non diminuisse allo stesso modo anche la potenza dei miei colpi). Ora fermo restando che, sebbene esistano "mani di pietra" in qualsiasi categoria, è corretto pensare che nella stragrande maggioranza dei casi il peso è direttamente proporzionale alla potenza dei colpi, andrebbero però anche analizzati altri aspetti difficilmente trascurabili come la velocità dell'atleta in questione, lo stress psicologico che una dieta rigorosa potrebbe causargli e infine lo stesso indebolimento che causa la perdita di peso imposta in tempi brevi. La risposta a questo quesito è ripetitiva, ma risiede ancora una volta nelle due parole magiche, identificate quasi come "regole" quando si parla di pugilato: equilibrio e soggettività.

Per esempio c'è un pugile di ottantaquattro chili che è bello coperto da un notevole ma contenuto strato di "ciccia" e non è troppo alto. Bello tarchiato insomma. Tra le sue caratteristiche possiede grande velocità, agilità e una predisposizione naturale alle schivate e alla boxe laterale. Oltre naturalmente al pugno di un pugile di ottantaquattro chili. Il potenziale di dimagrimento del pugile in questione è alto, vale a dire che con una dieta mirata potrebbe arrivare fino a settantacinque chili, un peso medio. In che categoria lo faremmo combattere? Nei 75 kg, negli 81 kg, o nei +81 kg?

– Il maestro tradizionale, vecchio stampo e scorbutico, direbbe senza dubbio nei 75 kg. Categorico. Si tratta di quel tipo di personaggio cui si è accennato sopra, e cioè quello che vieterebbe l'uso dei pesi per allenare la forza in quanto farebbero aumentare la massa muscolare e quindi il peso corporeo. Quali sarebbero i guadagni? E a quale prezzo? Il pugile guadagnerà tantissimo in agilità e in velocità. E in altezza? Abbiamo detto che non è troppo alto. Probabilmente gli andrà bene se incontrerà comunque un pugile della sua stessa altezza. In potenza? Potrà essere più esplosivo, ma peserà nove chili di meno e inoltre abbiamo a che fare con un soggetto agile già di suo e quindi sciolto ed esplosivo. Quali altri rischi corre? Di perdere tanto in potenza e non guadagnare abbastanza in velocità e agilità.

– Il maestro tradizionale, vecchio stampo ma più amorevole e "democratico", potrebbe lasciarsi convincere fino al limite degli 81 chili. È una buona idea, il pugile deve perdere solo tre chili non calerà troppo in potenza ma allo stesso tempo non guadagnerà in velocità, di conseguenza sarà meno agile dei suoi avversari. E in altezza? Potrà avere le stesse probabilità di guadagnare quanto di perdere. La categoria 81 kg è spesso caratterizzata da pugili alti e ben fisicati. Ne vale la pena per tre chili di differenza?

– Il maestro "contemporaneo" invece tollererebbe molto più facilmente la permanenza nella categoria +81, magari cercando di potenziare quei punti di forza che le caratteristiche specifiche del pugile in questione mettono a disposizione. Velocità, grande agilità e potenza. Con avversari certamente pericolosi dal punto di vista della potenza – tanto quanto lui – ma magari molto più lenti, prevedibili e facili da schivare per via della statura.

D'accordo abbiamo riportato un caso molto particolare, ma lo si è fatto con un obiettivo ben preciso, e cioè dimostrare che le particolarità capaci di farci optare per una strategia piuttosto che per un'altra, sono presenti in ogni pugile. È chiaro che se un pugile supera di poco il limite di una categoria allora varrebbe la pena farlo calare. Sempre e solo nel caso però, che questo possa dargli dei vantaggi – a maggior ragione e sempre e solo nel caso in cui – il passaggio alla categoria inferiore non comporti addirittura degli svantaggi o dei rischi.

Il problema sta proprio nella natura ossessiva e poco sana della metodologia comune. Perdere peso (e tanto!) a prescindere, senza aver ragionato sulle conseguenze che questa scelta può comportare, senza aver calcolato le inevitabili forme di stress che colpiscono il pugile e la sua serenità psicologica, elemento ribadisco fondamentale (se non principe) nella rendita dell'atleta.

Quindi «soggettività», ricordiamocelo. Nel pugilato non siamo tutti uguali. Allo stesso tempo «equilibrio». Dobbiamo ricercare l'equilibrio ideale tra le varie caratteristiche del pugile, calcolare quell'equazione – certamente matematica in questi casi – che può determinare nel pugile la possibilità di rendere al massimo. Per la sua salute, soprattutto.

In certi casi proprio chi dovrebbe dare il buon esempio perché su palcoscenici mondiali – o perché ente stesso o federazione che dovrebbe impegnarsi nella diffusione di uno sport sano – favorisce situazioni che fanno gridare alla vergogna, per lo meno per quanto mi riguarda. Mi riferisco nello specifico alle nuove tecniche di perdita del peso per disidratazione.

Perdere peso può in effetti consistere nel dimagrire, quindi perdere grasso, o nel disidratarsi, quindi perdere liquidi (approccio per altro molto pericoloso). I chili che perdo disidratandomi però li riacquisto immediatamente bevendo. Ebbene, tecniche di disidratazione avanzate permettono di perdere in pochi giorni fino a otto, dieci chili. Una manna dal cielo per il pugilato. Sempre più spesso vediamo pugili rientrare in categoria il venerdì alle operazioni di peso, per poi presentarsi la sera successiva sul ring con differenze di peso imbarazzanti. Abbiamo tra queste pagine riportato il caso di Cotto vs Geale, quando al momento di salire sul ring c'erano dodici chili di differenza. E che dire del "match del secolo" di qualche mese fa, in cui sempre Cotto si è trovato di fronte a un *Canelo* Alvarez superiore di otto chilogrammi al momento di salire sul ring? Alvarez è uno specialista della perdita di peso mirata, così era stato quando aveva incontrato Erislandy Lara, ma in quel caso le grida di scandalo riguardarono più l'inconcepibile verdetto di vittoria del messicano. Insomma la boxe è uno sport estremamente pericoloso. Tanta gente ci ha lasciato le penne sul ring. E io non capisco come due pugili possano accettare di sfidarsi in questo modo. Scorretto. E nient'altro. Con dieci chili di differenza. Colpa loro? Certamente no, in maniera ancor più vergognosa metto sul tavolo degli imputati le federazioni professionistiche mondiali che, passatemi il termine, se ne sbattono altamente della salute stessa dei pugili e ancor peggio, dell'immagine del pugilato che in questo modo promuovono. Un pugile pesa ottanta chili? E allora combatte nella categoria di competenza. Non perde otto chili per fare il peso e li riacquista in due ore. In questo senso proporrei a gran voce quello che in tanti vorrebbero vedere trasformarsi in realtà, ossia un controllo dell'evoluzione del peso dei due contendenti nel periodo di preparazione e semplicemente, come accade per i dilettanti, che le operazioni di peso vengano certificate anche (o solo) appena prima di salire sul ring.

PARTE QUINTA

PASSATO, PRESENTE, FUTURO

18. Dedicato ai pugili morti

Io non sono uno di quelli che dice che il pugilato non è uno sport pericoloso. Uno che dice che ci si fa più male a giocare a calcio. La boxe ha purtroppo avuto tante vittime nella sua storia, tre solo negli ultimi mesi, di cui due nell'impressionante lasso di tempo di tre giorni, da un capo del globo all'altro. Personalmente credo esista una ferrea e sacrosanta differenza tra la disciplina che è una cosa bella e il militarismo. Insegnare o imparare il pugilato è una fortuna, un privilegio che capita nella vita di una persona e che, per questo motivo, deve essere coccolato e rispettato. Personalmente lo ribadisco, credo che il pugilato sarebbe uno sport più nobile se nelle palestre o agli incontri si evitasse di sentire i soliti «ammazzalo!», «spaccagli il culo!». Se durante gli allenamenti si permettesse un leggero (non sia mai) sottofondo musicale. Se qualche volta venisse tollerato un sorriso o uno scambio di battute tra una ripresa e l'altra. Tra i maestri, i pugili e gli amatori. Se negli spogliatoi o sotto le docce si lasciassero da parte i consueti "celodurismi", i "celolunghismi" o le spacconate in generale. E magari si godesse il meritato relax dopo due ore di duro allenamento. Se si potesse, stremati dopo una ripresa di sacco o di guanti, correre serenamente al rubinetto e trangugiare un bel paio di litri di acqua senza sentirsi latrare stronzate da caserma alle spalle. Sarebbe confortante se il rispetto per la boxe, questo grande mistero, questa meraviglia capitataci tra i pugni stretti dentro i guantoni – o se non per lei almeno per i pugili morti, che se lo meritano il nostro rispetto commosso – si concretizzasse in un nuovo modo di concepire la gestione di questo sport. Capire fino in fondo che prima di saper attaccare bisogna imparare a difendersi, ma soprattutto prendere coscienza del fatto che si può attaccare in un modo o in un altro. Con lo stesso agonismo, con la stessa aggressività e la stessa ferocia ma con un altro obiettivo: il rispetto verso chi è nella nostra stessa situazione e non la semplice voglia di distruggerlo. Spaccargli la faccia. Spaccargli il culo. Ammazzarlo. Capire che la sicurezza del pugile è una cosa diversa dall'assicurazione del pugile, che poi in realtà, sarebbe l'assicurazione delle società sportive, dei team e delle federazioni. Capire che la sicurezza sta nelle visite mediche ma anche nel modo di interpretare questo sport. Sia per chi sta imparando ma soprattutto per chi lo sta insegnando. Imparare o insegnare la boxe significa crescere e definire la personalità e l'indole di uomini e donne. La maggior parte delle volte ingentilendola e rendendola più nobile. Fiera. Determinata. Spesso levando quegli stessi uomini e quelle stesse donne dalla strada. No, la disciplina non è militarismo. La disciplina riguarda la gioia di avvicinarsi a un ferreo apprendimento. Non l'obbligo di atteggiarsi a ciò che non si è. Per il semplice fatto che il comportamento militare non è un comportamento naturale. È un comportamento elitario, riservato a pochi, a suo modo esoterico. Da servi se vogliamo, come viene dagli stessi Stati richiesto. E il pugile sul ring è da solo. Quindi non può essere servo di nessuno se non di se stesso. Tanto meno del suo angolo. Il pugile non è un soldatino. E nemmeno l'amatore è un soldatino. Un uomo vuole imparare la boxe, non passare due ore al giorno in caserma. Pagando. E una donna vuole imparare la boxe e, guarda caso, «non vuole passare due ore al giorno in caserma». Pagando. Che sia stata questa la ragione dell'emorragia di pugili e amatori dalle palestre italiane negli ultimi quarant'anni? Che sia questa la ragione per cui la boxe passa in tv più per i rari fatti di cronaca (a volte nera, a volte grigia) che per la sua continua, intensa e sottopagata (a livelli vergognosi) attività agonistica, sia essa dilettantistica o professionistica? Che sia questa la ragione per cui il pugilato, più di tutti gli altri sport viene considerato in Italia uno «sport non per tutti?». No cari signori, lo sport deve essere per tutti e la boxe deve essere per tutti. Per fortuna negli ultimi anni si sta assistendo a un nuovo modo di ragionare, e sembra che ci sia chi si sia messo in testa di rimediare. Di provare a cambiare qualcosa. Ma la strada da percorrere è ancora lunga. Da nessuna parte del mondo il pugile è un soldatino, da noi in Italia lo è troppo spesso. Guardate le Olimpiadi. Gli occhi determinati, pieni di gioia ed emozione dei ragazzi e delle ragazze delle altre nazionali, che come i nostri e le nostre hanno raggiunto lo stesso sogno. L'apoteosi dell'estetica. Ma gli occhi dei nostri ragazzi, ahimè, sono diversi. Non trasmettono un forte agonismo sereno e determinato, bensì un fragile agonismo freddo e timoroso. Innaturale. Militare. Automatico. Robotico.

Le ragazze invece no, le ragazze hanno negli occhi la stessa genuina emozione di tutte le altre ragazze di tutte le altre nazionali del mondo. E infatti sono fortissime. Prendiamo esempio da loro. E imitiamole. Senza mai voler cambiare espressione ai loro occhi.

Chi ha orecchie per intendere intenda.

19. Chico y El Temible

Gli occhi di Diego *Chico* Corrales e quelli di Luis *El Temible* Castillo. La determinazione volta al raggiungimento del risultato. A tutti i costi. Avrà mai Castillo disprezzato Corrales? Avrà mai desiderato spaccargli la faccia o il culo? Ammazzarlo? Avrà Corrales provato queste stesse sensazioni nei confronti di colui il quale gli si parava di fronte sul ring? Per l'intera durata di quelle che già sono passate alla storia come due tra le più grandi battaglie pugilistiche degli ultimi anni? Ma soprattutto, sarebbe esistito "quel" Corrales senza "quel" Castillo? E sarebbe esistito "quel" Castillo senza "quel" Corrales? In conclusione sarebbe esistito Castillo vs Corrales senza la loro determinazione, senza il loro rispetto reciproco? Senza la loro totale disposizione a tutto, pur di prevalere l'uno sull'altro? Poco importa che i due fossero amici. Che come si dice in giro «andassero insieme al pub». I due amici lo sanno bene che senza il sacrificio reciproco che «l'essere disposti a tutto» comporta, la saga Castillo-Corrales non sarebbe mai esistita. Il rischio di perdere un amico. E magari sì, di doverci andare da soli al pub. Il "patto" tra due pugili. «Ci vediamo dopo fratello. Speriamo di vederci dopo. Tra quaranta minuti». Il durante invece, è un'altra cosa. Il durante è rispetto. In quel caso fare un passo indietro, anche uno solo, avrebbe voluto significare mancare di rispetto. E il rispetto è diverso dalla distruzione. Quella può essere al massimo una conseguenza del patto. Ma tra intenzione e conseguenza c'è una differenza abissale. La conseguenza è una "clausola del contratto". Nell'intenzione sta invece l'amore e il rispetto. Per la boxe, per l'avversario, senza il quale ricordiamolo bene non esisteremmo.

E allora l'amore e il rispetto, quelle due nottate, generano uno spettacolo da brivido. Commovente. Da rimanere a bocca aperta. E tutto si conclude in un abbraccio. In un «rifacciamolo!».

Conseguenze? Rispetto. Soddisfazione. Il raggiungimento, quella volta sì, alla fine di quel decimo round del primo incontro, di quella cosa imprecisa che s'intravede lassù in cima. L'apoteosi dell'estetica.

La distruzione lasciamola ai governi. Ai soldatini e alle loro guerre.

***

Imparare la boxe significa certamente imparare a tirare i pugni e affinare la tecnica-tattica in maniera sopraffina ed elegante e allo stesso tempo, più incisiva possibile. Ma significa anche rendersi conto di quanto conta la testa e capire quali siano i propri obiettivi e i propri limiti. Significa reggere ritmi e sacrifici disarmanti, sopportare ansie e paure angoscianti, sopportarle non abbatterle, perché senza la paura nel pugilato si va poco lontano. In poche parole il pugilato è una partita a scacchi. Un misto di tattica, strategia e forza d'animo da tenere sotto controllo anche quando i colpi ti rintronano.

L'apoteosi dell'estetica potrebbe risiedere in questa vittoria. Dare tutto e dare il meglio sempre, per far trasparire tra la ferocia dei pugni, l'essenza più recondita e tenera dell'animo umano. Poco importa che questo capiti il primo giorno in cui si varca la soglia della palestra, alle Olimpiadi o all'interno di maestose arene gremite da spettatori che spesso vorrebbero soltanto assistere a un truce spettacolo di sangue.

Il pugilato è anche soddisfazione, divertimento, passione e soprattutto la sorpresa di riscoprirsi capaci di affrontare e superare limiti che non ci saremmo mai immaginati di essere in grado di sopraffare. Faccio un ultimo esempio. Osserviamo Floyd *Pretty Boy Money* Mayweather Jr quando tra una ripresa e l'altra si siede all'angolo. L'espressione è attenta, qualche volta più riflessiva, altre volte più preoccupata. A volte sembra un bimbo e con gli occhi sbarrati fissa dritto dall'altra parte, verso l'angolo dell'avversario, mentre respira profondamente per recuperare tutto il fiato necessario alla ripresa successiva. La faccia di Floyd Mayweather quando è seduto all'angolo è un libro aperto di espressività, sincerità, intelligenza, rispetto e tenerezza. Già tenerezza e anche rispetto per ogni avversario che ha incontrato, verso qualsiasi avversario che ha battuto, ossia tutti. Difficile credere che quel libro aperto che è *Pretty Boy* seduto all'angolo sia lo stesso insopportabile stronzo che è nella vita di tutti i giorni, quando più che Floyd o *Pretty Boy*, è soltanto *Money* Mayweather. Difficile credere che quegli occhi appartengano alla stessa persona che nel quotidiano si distingue per trasmettere quell'immagine tanto deleteria di questo sport. In questo senso si potrebbe continuare a ragionare sull'eterno dilemma: il pugilato è violenza oppure no? La soluzione è difficile e certamente sarebbe presuntuoso voler dare a tutti i costi una risposta, sebbene siamo arrivati alla fine del nostro discorso. Ma si può ragionare su un passaggio. Il più grande errore dell'umanità è stato credere alla menzogna per eccellenza, quella secondo cui l'uomo dovrebbe essere fondamentalmente buono. Ma sembra oggigiorno che l'uomo o la donna, possano riscoprirsi "buoni" soltanto dopo aver sfogato, espulso ed esaurito tutto quello che inquina la loro testa. In altre parole l'uomo o la donna, si riscoprono buoni soltanto quando vengono riportati all'essenza, quando si sentono in pericolo, fragili, in difficoltà, quando se avessero una coda se la infilerebbero tra le gambe. Quando le energie intellettive o fisiche stanno per esaurirsi. Succede questo dentro o fuori dal ring.

E una cosa è certa. Questo fenomeno di sensazioni sul ring è tremendamente consueto.

È proprio per questo motivo che quasi sempre, al termine del match, anche quando succede che tra contendenti ci si odia a morte, si finisce con un abbraccio. È la meravigliosa sensazione di essere sopravvissuti e di non avere ucciso nessuno. È la sensazione bellissima di vivere, anche solo per pochi istanti «il rispetto reciproco». O meglio. Si tratta della meravigliosa sensazione di essere salvi sentendosi umani.

Un grazie immenso ai grandi maestri:

Silvio Andreola
Hector Vinent
Angel Moya
Rudi Fink
Paolo Pesci

A chi mi trascinò in palestra tanti anni fa:

Vittorio Soldo
Endrit Vuka

Al grande movimento delle Palestre Popolari che in Italia sta rilanciando la boxe rendendola uno sport per tutti e per tutte

INDICE